MW01286721

olección de Libros Japoneses
APRENDE JAPONÉS CON
CUENTOS
Volumen 1

Hikoichi

+ Audio para descargar

La forma fácil de leer fábulas, cuentos e historias japonesas

Clay & Yumi Boutwell

ISBN-13: 9781655096365

INTRODUCCIÓN

La clave para aprender vocabulario es, simplemente, leer. No solo tendrás una mayor probabilidad de incorporar palabras que te resulten interesantes, sino que también las aprenderás en contexto. Esperamos que este libro te ayude a cumplir con esta meta.

PARA PRINCIPIANTES

Este libro contiene cuatro divertidos cuentos sobre el legendario Hikoichi—un joven que era bien conocido por su sabiduría... y picardía.

En el primer cuento, Hikoichi tiene que descifrar quién es el verdadero príncipe. En el Segundo, se muestra más inteligente que el resto de los criados mientras disfruta del hanami (mirar las flores de cerezo). El tercero es sobre un misterioso paraguas que tiene vida, y concluimos con el encuentro de Hikoichi con el Tengu y su especial impermeable de paja para ocultarse.

MP3s

Incluidos, y sin costo adicional, hay MP3s de los cuentos. Uno es leído a una velocidad normal y el otro a un paso más lento y fácil de seguir. Si los MP3s no fueron incluidos cuando realizaste la compra de este libro, **por favor busca en la última página el enlace para descargarlos**. Si tienes algún inconveniente para descargarlos, por favor envíanos un correo electrónico a **help@thejapanshop.com**.

SOBRE ESTE LIBRO

Este libro contiene varias versiones de los dos cuentos. Primero, tenemos la historia con cada palabra de vocabulario definida y explicada debajo. Luego, realizamos un análisis más profundo en los patrones gramaticales encontrados en el cuento. A continuación, puedes leer la historia enteramente en japonés, sin notas en español. Finalmente, incluimos una traducción al español, la cual debería ser evitada hasta que te sientas seguro de haber comprendido la historia, o usarla si te resulta muy difícil descifrarla por ti mismo.

Tal vez quieras intentar primero leer el cuento en japonés. O, si eres principiante, puede que te sea mejor revisar el vocabulario antes de leerlo. Cualquiera sea la forma en que lo hagas, este libro te ofrece varias formas de leer, escuchar y aprender.

Finalmente, nos encantaría saber de ti. Si tienes alguna sugerencia para hacer que este y otros libros mejoren, por favor déjanos saberlo.

Clay & Yumi Boutwell
help@thejapanshop.com
http://www.TheJapanShop.com
http://www.TheJapanesePage.com

P.D. Por favor dirígete a la última página para encontrar el enlace de los MP3s de estos cuentos sin cargo.

CONTENIDO

Primera historia: Hikoichi y el Príncipe - Comentado

むかし、むかし、あるところに
彦一さんというとても賢い若者
が住んでいました。

むかし、むかし *mukashi, mukashi*—Érase una vez

あるところに *aru tokoro ni*— en algún lugar [junto con *mukashi mukashi*, esta es la manera más común de comenzar un cuento]

彦一さん *hikoichi san*—Hikoichi (nombre)

という *to iu*—quien era un [lo siguente decribe a Hikoichi]

とても賢い *totemo kashikoi*—muy sabio

若者 *wakamono*—un joven

住んでいました *sunde imashita*—vivió; vivía

たいへん賢^{かしこ}くてどんな難^{むずか}しい問題^{もんだい}でも解^といてしまうので、すっかり有名^{ゆうめい}になり、

たいへん賢くて *taihen kashikokute*—siendo muy sabio...
[*taihen* como *totemo* aquí significa "muy"; ~*te* funciona como "y", conectando a esta palabra con la siguiente frase "siendo muy sabio..."]

どんな～でも *donna ~ demo*—no importa cuán... (difícil)
[un sustantivo va siempre entre ambas palabras]

どんな難しい問題でも *donna muzukashii mondai demo*—no importa cuán difícil era el problema (él lo resolvió)

解いてしまう *toite shimau*—completamente resuelto
[*shimau* indica completitud]

ので *node*—así que/entonces (se hizo famoso)

すっかり *sukkari*—completamente

有名になり *yuumei ni nari*—se hizo famoso...

とうとうそのうわさがお殿様_{とのさま}の
耳_{みみ}にも入_{はい}りました。

とうとう *tō tō*—al fin; finalmente

そのうわさ *sono uwasa*—ese rumor (acerca de Hikoichi)

お殿様 *otono sama*—el señor; el gobernante

耳に *mimi ni*—al oído (del gobernante)

も *mo*—incluso (al oído del gobernante)

入りました *hairimashita*—llegó [expresión usada para escuchar algo; literalmente entró al oído]

お殿様（とのさま）は、「彦一（ひこいち）がほんとうにそんなに賢（かしこ）いのかどうか、試（ため）してみよう。」と彦一（ひこいち）さんをお城（しろ）に呼（よ）ぶことにしました。

「」　entre comillas

ほんとうに　*hontō ni*—realmente

そんなに　*sonna ni*—mucho; a tal punto

のかどうか　*no ka dō ka*—si es así o no

試してみよう　*tameshite miyō*—vamos a probar

と　*to*—termina las comillas; dicho eso, el (llamó a Hikoichi al castillo)

お城に　*oshiro ni*—al castillo

呼ぶことにしました　*yobu koto ni shimashita*—decidió llamar
[〜にする decidió...]

ひこいち　　　　　　　　　しろ　い
彦一さんがお城に行ってかしこ
　　　　　ま
まって待っていると、お殿様が
やってきました。

とのさま

行って *itte*—fue (al castillo)

かしこまって *kashikomatte*—parar respetuosamente;
estar extremadamente nervioso ante alguien con una gran
autoridad [Una forma elegante de decir "¡sí, señor!" o "entendido"
es かしこまりました *kashikomarimashita*. Esto es usado hoy en día a
menudo en negocios cuando se reciben órdenes de los clientes]

待っている *matte iru*—esperando

と *to*—y...

やってきました *yatte kimashita*—vino

「おお、お前が評判の彦一か、
どれ、面をあげなさい。

おお *oo*—ah

お前 *omae*—tú [puede sonar despectivo o degradante; usado por una figura con autoridad o par—nunca hacia alguien socialmente prestigioso]

評判の *hyōban no*—famoso; con buena reputación...

か *ka*—así que tú eres... [usado para demostrar sorpresa]

どれ *dore*—así que; déjame ver...

面 *omote*— cara [palabra antigua usada por los señores para hacer que sus súbditos levanten la cabeza; este kanji también puede ser pronunciado como *tsura*]

あげなさい *agenasai*—levántate (una orden)

うーむ、確_{たし}かに　賢_{かしこ}そうな面_{つら}を
しておるの。」

うーむ *u-mu*—hmm...

確かに *tashika ni*—ciertamente

かしこそう *kashikosō*—parecer sabio

面 *tsura*—cara [esta lectura es usada hoy en día, pero puede ser una forma despectiva o degradante de decir "cara". Una mejor palabra es 顔_{かお} kao]

かしこそうなつら *kashikosou na tsura*—una cara inteligente

をしておるの *o shite oru no*—(él) tiene (una cara inteligente) [*oru* es más formal (una forma más humilde) que *iru*; *no* es usado al final de una frase con una explicación o para dar énfasis emocional]

お殿様はうれしそうに言いました。

「そんなに賢いのなら、若殿の遊び相手をしてほしいものじゃ。

うれしそうに言いました *ureshisō ni iimashita*—dijo con alegría, felizmente [*ureshisō* significa "alegría aparente"]

そんなに *sonna ni*—tan… (inteligente) como es…

賢いのなら *kashikoi no nara*—si eres inteligente

若殿 *waka tono*—el joven señor; el príncipe

遊び相手 *asobi aite*—amigo; compañero de juego

してほしいものじゃ *shite hoshii mono ja*—(Yo) quiero (que tú) seas (el amigo/compañero de juego) [el もの *mono* es usado para explicar como algo debe ser; じゃ *ja* no es usado en el habla moderno]

若、入っておいで。」お殿様が呼ぶと、

一人、二人、三人、四人、五人・・・。

若 *waka*—el joven señor [corto por *wakatono*]

入っておいで *haitte oide*—entra y ven [esto se dice normalmente cuando se dirige hacia un niño o personas más jóvenes que el hablante]

お殿様 *otono sama*—el señor [el *o* es honorífico, indica respeto]

呼ぶと *yobu to*—después que llamó [el *to* indica que algo pasó como resultado de haber llamado]

一人 *hitori*—una persona

二人 *futari*—dos personas

三人 *san nin*—tres personas

四人 *yonin*—cuatro personas [en general, es "*yonin*", pero algunas personas usan "*yonnin*"]

五人 *gonin*—cinco personas

なんと五人もの子供が入ってくるではありませんか。

なんと *nanto*—¡cómo!; sorprendentemente suficiente; para la sorpresa de todos; ¡mira nada más! [demuestra emoción o sorpresa]

五人もの *gonin mono*—cinco personas [el *mono* demuestra sorpresa a gran escala]

子供 *kodomo*—niños

入ってくる *haitte kuru*—entraron

ではありませんか *dewa arimasen ka*—no? [usado para demostrar sorpresa por la cantidad]

どの子も同じような年頃で、同じような
顔つきです。しかも、同じ着物を着てい
ます。

どの子も *dono ko mo*—cada niño; cada uno de los niños

同じような *onaji yō na*—similar; parece ser igual

年頃 *toshi goro*—edad

で *de*—y [demuestra una relación entre las dos frases]

顔つき *kao tsuki*—el aspecto; las expresiones faciales

しかも *shikamo*—además...

同じ *onaji*—el mismo; igual

着物 *kimono*—kimono; ropa

着ています *kiteimasu*—tiene puesto

毎日、お城でお殿様に仕えている家来でも見分けがつきません。

毎日 *mainichi*—cada día

お城で *oshiro de*— en el castillo

お殿様 *o tono sama*— el señor

仕えている家来 *tsukaeteiru kerai*—los criados sirviendo (al señor)

でも *demo*—incluso/aún (los criados)

見分けがつきません *miwake ga tsukimasen*—no pudieron distinguirlos; no podían distinguirlos

「どうじゃ、彦一、どの子が本物の若か
わかるか？わからなければ、わからない
といえばよいのだ。」

どうじゃ *dōja*—bueno, entonces [antiguamente; hoy, esto
sería どうだ？ *dō da?*]

彦一 *hikoichi*—Hikoichi

どの子 *dono ko*— cuál niño

本物の若 *honmono no waka*— el verdadero joven señor

かわかるか？ *ka wakaru ka?* — ¿Puedes resolverlo o no?

わからなければ *wakaranakereba*—si no sabes

わからない *wakaranai*—no sé

といえばよいのだ *to ieba yoi no da*—esté bien
decir/admitir (que no sé)

お殿様はにやりと笑って彦一の顔を見ま
した。彦一さんはしばらく考えていま
したが、こう答えました。

にやりと笑って *niyarito waratte*— sonreír; amplia
sonrisa [にやり es un tipo de onomatopeya que describe una
sonrisa de satisfacción. El señor no cree que Hikoichi pueda
descifrarlo]

顔 *kao*— cara

見ました *mimashita*—miro (a su cara)

しばらく *shibaraku*— por un rato

考えていました *kangaete imashita*— pensó; estuvo
pensando

が *ga*— pero; sin embargo

こう答えました *kō kotaemashita*—contesto así

「 私 には本物の若殿様がわかります。
若様は手習いのあとと見えて、手に墨が
ついております。」

私には *watashi ni wa*— en cuanto a mí, yo...

本物の若様 *honmono no waka sama*— el verdadero joven

わかります *wakarimasu*— yo sé

若様 *waka sama*—el señorito

手習い *tenarai*—shuji; caligrafía; práctica de escribir

あと *ato*—después (de la clase de *shuji*)

と見えて *to miete*—parece... [Hikoichi está diciendo que *wakatono* acabó de terminar *shuji*]

手に *te ni*—en la mano

墨 *sumi*—tinta

ついております *tsuite orimasu*—está manchada

すると、この言葉につられて本物の
若様は自分の手のひらを見ました。あと
の子供はそれをのぞき込みました。

すると *suruto*—y entonces...

この言葉 *kono kotoba*—estas palabras (lo que Hikoichi dijo)

につられて *ni tsurarete*—siendo atraído/persuadido (por sus palabras)

本物の若様 *honmono no waka sama*—el verdadero señorito

自分の *jibun no*—su propia...

手のひら *te no hira*— palma de mano

見ました *mimashita*—miró

あとの子供 *ato no kodomo*—los otros niños [el *ato* aquí quiere decir "otro" y no "después"]

それ *sore*—esa (queriendo decir la mano del señorito)

のぞき込みました *nozoki komimashita*—miraron a... [para ver si era así]

ところが、どこにも墨^{すみ}などついていま
せん。彦一^{ひこいち}さんはすかさずこう言^いいまし
た。「今^{いま}、自分^{じぶん}の手^てのひらを見^みた子^こが
本物^{ほんもの}の若様^{わかさま}です。」

ところが *tokoro ga*—pero; sin embargo

どこにも *doko ni mo*— en ningún lado; ningún lugar

墨など *sumi nado*—tinta ni nada [*nado*—etc.]

ついていません *tsuite imas*en—no estaba manchado

すかさず *sukasazu*—sin demora

こう言いました *kō iimashita*—dijo eso

今 *ima*—ahora

自分の手のひらを見た子 *jibun no te no hira o mita ko*—
el niño que miró la palma de su mano

お殿様はすっかり彦一さんの知恵に
感心して、たくさんの褒美を与えたとい
うことです。
おしまい。

すっかり *sukkari*— completamente

知恵 *chie*— sabiduría

に感心して *ni kanshin shite*— asombrado

たくさん *takusan*— mucho

褒美 *hōbi*— elogio; gratificación

与えた *ataeta*— dio; concedió

ということです *to iu koto desu*—y así es [una manera
común de resumir las cosas]

おしまい *oshimai*— fin

Primera historia: Hikoichi y el Príncipe en japonés

Ahora, prueba leerlo en idioma japonés. Si necesitas ayuda con la pronunciación, por favor revisa la parte comentada o escucha los archivos de audio.

彦一さんと若殿

　むかし、むかし、あるところに彦一さんというとても賢い若者が住んでいました。

　たいへん賢くてどんな難しい問題でも解いてしまうので、すっかり有名になり、とうとうそのうわさがお殿様の耳にも入りました。

　お殿様は、「彦一がほんとうにそんなに賢いのかどうか、試してみよう。」と彦一さんをお城に呼ぶことにしました。

彦一さんがお城に行ってかしこまって待っていると、殿様がやってきました。

「おお、お前が評判の彦一か、どれ、面をあげなさい。うーむ、確かに賢そうな面をしておるの。」

お殿様はうれしそうに言いました。

「そんなにかしこいのなら、若殿の遊び相手をしてほしいものじゃ。若、入っておいで。」

お殿様が呼ぶと、一人、二人、三人、四人、五人・・・。なんと五人もの子供が入ってくるではありませんか。

どの子も同じような年頃で、同じような顔つきです。しかも、同じ着物を着ています。

毎日、お城でお殿様に仕えている家来でも見分けがつきません。

「どうじゃ、彦一、どの子が本物の若かわかるか？わからなければ、わからないといえばよいのだ。」

　お殿様はにやりと笑って彦一の顔を見ました。

　彦一さんはしばらく考えていましたが、こう答えました。

　「私には本物の若殿様がわかります。若様は手習いのあとと見えて、手に墨がついております。」

　すると、この言葉につられて本物の若様は自分の手のひらを見ました。

　あとの子供はそれをのぞき込みました。

　ところが、どこにも墨などついていません。

　彦一さんはすかさずこう言いました。

　「今、自分の手のひらを見た子が本物の若様です。」

　お殿様はすっかり彦一さんの知恵に感心して、たくさんの褒美を与えたということです。

おしまい。

Primera historia: Hikoichi y el Príncipe. Resumen en español

Por favor intenta abordarlo primero en japonés y usa esto solo si es necesario.

Érase una vez un hombre muy sabio llamado Hikoichi. Él era muy conocido por su sabiduría. Con el tiempo, incluso el señor del castillo supo de la fama de Hikoichi y le pidió que vaya a verlo.

Al llegar, el rey le dijo que él parecía suficientemente inteligente para ser compañero de juego del príncipe, pero primero tenía un desafío para él. El rey le presentó cinco jovencitos y le dijo que escogiera cuál de ellos era el verdadero príncipe.

Todos parecían tener la misma edad, tenían cuerpos similares y estaban vestidos con ropas idénticas.

Después de pensar un poco, Hikoichi dijo que el príncipe era el que tenía las manos manchadas de tinta por practicar caligrafía. Inmediatamente, los otros cuatro niños miraron las manos del verdadero príncipe, solo para encontrarlas sin ninguna mancha. Hikoichi le dijo al rey que ese niño al que todos habían mirado, y que había mirado a sus propias manos, era el verdadero príncipe.

Segunda historia: Hikoichi y el Hanami - Comentado

むかし、むかし、彦一さんというたいへん賢い若者がおりました。

むかし、むかし *mukashi, mukashi*—Érase una vez

彦一さん *hikoichi san*—Hikoichi (nombre)

という *to iu*—quien era un [lo siguente decribe Hikoichi]

たいへん賢い *taihen kashikoi*—muy sabio

若者 *wakamono*—joven

おりました *orimashita*—había...

ある春の日、お殿様がお花見に出かける
ことになりましたので、

ある春 *aru haru*—una primavera

日 *hi*—día

お殿様 *otono sama*—el señor

お花見 *ohanami*—hanami; mirar las flores

に出かける *ni dekakeru*—salió para (*hanami*)

ことになりました *koto ni narimashita*—pasó; fue decidido

ので *node*—por eso; por lo tanto

彦一さんも一緒についていくことになりました。

皆が出かける支度をしていると、　お殿様はこう声をかけました。

も　*mo*—también

一緒に　*issho ni*—juntos

ついていく　*tsuite iku*—salieron (juntos)

皆　*mina*—todos

出かける支度　*dekakeru shitaku*—preparaciones para salir

していると　*shiteiru to*—mientras (preparaban)

こう　*kō*—de esa forma; así

声　*koe*—una voz

かけました　*kakemashita*—llamó; clamó (la voz)

「皆のもの、なにか荷物を運んでもらう
が、それぞれ好きなものを持っていけば
よいぞ。」

皆のもの *mina no mono*— ¡todos! [una antigua expresión de figuras de gran autoridad para llamar la atención de la gente]

なにか *nanika*—algo

荷物 *nimotsu*— maletas; equipaje

運んでもらう *hakonde morau*— (yo) voy a hacer que (todos) carguen

が *ga*— pero; sin embargo

それぞれ *sore zore*—cada uno, respectivamente

好きなもの *sukina mono*—cosas que querían, cosas que les gustaban

持っていけばよい *motte ikeba yoi*—cargar (lo que te gusta) está bien

ぞ *zo*—una forma autoritaria masculina de terminar una frase

お花見に持っていく荷物は、殿様が座る
いす、地面に敷く毛せん、

お花見 *o hanami*—hanami; mirando las flores

持っていく *motte iku*—cargando

荷物 *nimotsu*—maletas; equipaje

殿様 *tonosama*—señor

座るいす *suwaru isu*—la silla para sentarse

地面に *jimen ni*—al suelo

敷く *shiku*—dispersaron; echaron

毛せん *mōsen*—una alfombra; un tapete

歌を詠むときにつかう筆、墨などの道具、

歌 *uta*—una canción [aquí *uta* significa un poema como un haiku o tanka]

詠む *yomu*—recitar (poemas o canciones); crear (sus propios) poemas

ときに *toki ni*—para ese tiempo

つかう *tsukau*—para usar con

筆 *fude*—pluma; bolígrafo; brocha

墨 *sumi*—tinta

など *nado*—etc.; y demás

道具 *dōgu*—instrumentos; herramientas

お<ruby>茶<rt>ちゃ</rt></ruby>の<ruby>道具<rt>どうぐ</rt></ruby>などいろいろあります。

お茶 *ocha*—té (verde)

いろいろあります *iroiro arimasu*—hay varios...

家来たちは「どうせ持っていくなら軽いもの
がいいぞ。」

家来たち *kerai tachi*—criados, siervos

どうせ *dōse*—en cualquier caso

持っていくなら *motte iku nara*—si (tenemos) que cargar...

軽いもの *karui mono*—algo ligero; algo liviano

いい *ii*—bien; mejor

ぞ *zo*—una forma autoritaria masculina de terminar una frase

と我先に軽いものを選んで持っていきました。
彦一さんが残った荷物を見たときは、

と

to—signo de pregunta; "dijo"

我先に *waresaki ni*—queriendo ser primero; egoístamente

軽いもの *karui mono*—algo ligero

選んで *erande*—escogió

持っていきました *motte ikimashita*—llevó

残った *nokotta*—lo que quedó; el resto

荷物 *nimotsu*—maletas; valijas

見たとき *mita toki*—cuando (él) vio

皆の握り飯が入っているお弁当など重そう
なものしか残っていませんでした。

皆の *mina no*—de todos

握り飯 *nigiri meshi*—bola de arroz; onigiri

入っている *haitteiru*—está adentro

お弁当 *obentō*—caja de almuerzo; bento

など *nado*—etc.

重そうなもの *omosō na mono*—las cosas que parecen pesadas

しか *shika*—solo, solamente, excepto por (termina con un frase negativa)

残っていませんでした *nokotte imasen deshita*—no quedó nada (que no fuera pesado)

でも、彦一さんは「これはいいもの
が残ったぞ。」とにっこり笑って重いお
弁当を運び始めました。

でも *demo*—pero; de todas formas

これは *kore wa*—esto

いいもの *ii mono*—una cosa buena

残ったぞ *nokotta zo*—se quedó [el ぞ al final da más énfasis]

と *to*— signo de pregunta; "dijo"

にっこり笑って *nikkori waratte*—sonriendo de oreja a oreja; con una sonrisa; sonreír animadamente

重い *omoi*—pesada

お弁当 *obentō*—caja de almuerzo; bento

運び始めました *hakobi hajimemashita*—comenzó a cargar

家来たちは、「賢い彦一のくせに、今回ばかりは貧乏くじをひいたな。」と心の中で笑っておりました。

家来たち *keirai tachi*—los criados (plural)

賢い *kashikoi*—sabio; inteligente

彦一 *hikoichi*—Hikoichi

のくせに *no kuse ni*— aunque; a pesar

今回ばかり *konkai bakari*—pero esta vez

貧乏くじ *binbō kuji*—perdió la suerte (como tener el billete de lotería perdedor o sacar el palito más corto)

ひいた *hiita*—sacó (el palito más corto)

な *na*—[manera de terminar una frase con emoción o énfasis]

心の中で *kokoro no naka de*—en (sus) corazones; en (sus) mentes (se estaban riendo)

笑っておりました *waratte orimashita*—se rieron

花見を楽しみ、おいしい食事も済ませ、
お殿様はお城に帰ることにしました。

花見 *hanami*—mirando las flores

楽しみ *tanoshimi*—disfrutar; placentero

おいしい *oishii*—delicioso

食事 *shokuji*—comida ; almuerzo

も *mo*—también

済ませ *sumase*—terminaron

お殿様 *otonosama*—el señor

お城に *oshiro ni*—al castillo

帰ることにしました *kaeru koto ni shimashita*—
decidieron regresar

彦一さんはお殿様にこう声をかけました。「お殿様、あちらをごらんください。まだまだ美しい桜が咲いております。

こう *kō*—asi; de esa forma

声 *koe*—la voz

かけました *kakemashita*—(la voz) llamó

あちら *achira*—por allá

ご覧ください *goran kudasai*—mire por favor (respetuoso)

まだまだ *mada mada*—aún; todavía

美しい *utsukushii*—bella

桜 *sakura*—flor de cerezo

咲いております *saite orimasu*—está floreciendo

山のあちらのほうからお帰りになれば、花見をしながらお城に帰ることができます。」

山のあちら *yama no achira*—las montañas de allá

のほう *no hō*—esa dirección

から *kara*—de

お帰りにならば *okaeri ni naraba*—si regresamos (por este lado)

花見 *hanami*—(flor de cerezo) mirando

しながら *shinagara*—mientras

お城に *oshiro ni*—al castillo

帰ることができます *kaeru koto ga dekimasu*—podemos (disfrutar mirando las flores mientras) regresamos

お殿様は山の向こうをご覧になって、

山の向こう *yama no mukō*—las montañas de más allá

ご覧になって *goran ni natte*—mirando (las montañas)...
[una forma muy respetuosa de decir "ver"]

「そうじゃの、彦一のいうとおりじゃ、
あちらのほうから帰ろう。」

そうじゃの *sō ja no*—"sō da"; es correcto; así es

いうとおりじゃ *iu toori ja*—así como él (Hikoichi) dice

あちらのほう *achira no hō*— en esa dirección por allá

から *kara*—de

帰ろう *kaerō*—vamos a regresar

家来たちは、荷物を持って山の向こうまで行かなくてはならないので、本当はいやでしたが、お殿様には逆らえません。

家来たち *kerai tachi*—los vasallos; los siervos (plural)

荷物 *nimotsu*—maletas; equipaje

持って *motte*—cargar

山の向こう *yama no mukō*—las montañas de por allá

まで *made*—hasta (las montañas de por allá)

行かなくてはならない *ikanakute wa naranai*—no tenían otra opción que ir

ので *node*—así que, luego

本当は *hontō wa*—pero en realidad; ciertamente...

いや *iya*—no les gusto

が *ga*—pero; sin embargo

逆らえません *sakaraemasen*—no pueden ir en contra; no pueden desobedecer

家来たちがそれぞれ自分の荷物を持ち上
げて帰る用意をしているというのに、

それぞれ *sorezore*—cada

自分の *jibun no*—lo de alguien...; lo propio (literalmente, de uno mismo)

荷物 *nimotsu*—maleta; equipaje

持ち上げて *mochi agete*—levantó y cargó

帰る用意 *kaeru yōi*—preparaciones para el regreso

しているというのに *shiteiru to iu noni*—aunque (ellos) estaban haciendo (los preparativos)

彦一はなにも入っていない風呂敷をたたんでふところにしまいました。
手ぶらです。

なにも *nanimo*—nada

入っていない *haitte inai*—nada adentro

風呂敷 *furoshiki*—furoshiki; una sábana para cargar cosas

たたんで *tatande*—doblada

ふところ *futokoro*—dentro de bolsillo del kimono

手ぶら *tebura*—con las manos vacías

家来の一人が彦一さんにこう尋ねま
した。

家来の一人 *kerai no hitori*—uno de los siervos

こう *kō*—de esta forma

尋ねました *tazunemashita*—preguntó

「もしもし、彦一様、あなた様のお荷物
はどこにいきましたか？」

もしもし *moshi moshi*—hola; permiso... (para llamar la atención de Hikoichi)

あなた様 *anata sama*—usted (formal)

お荷物 *o nimotsu*—equipaje (formal)

どこに *doko ni*—a dónde

いきました *ikimashita*—fue

か *ka*—signo de pregunta

彦一さんは、にっこりと笑ってこう
答えました。

にっこりと *nikkori to*—sonriendo ampliamente

笑って *waratte*—se rió

にっこりと笑って *nikkori to waratte*—sonreír
animadamente; esbozar una sonrisa [normalmente, 笑う *warau*
singnifica reír, pero con にっこり *nikkori*, significa "sonreír
animadamente"]

こう答えました *kō kotaemashita*—contestó así

「はい、皆様のおなかの中に入って
しまいました。」

はい　*hai*—sí; pues...

皆様　*minasama*—todos (plural)

おなかの中に　*onaka no naka ni*—en el estómago

入ってしまいました　*haitte shimaimashita*—entró
completamente

彦一さんは、一人だけらくらくと
花見をしながらお城に帰っていったとい
うことです。
おしまい。

一人だけ *hitori dake*—solo una persona; el único

らくらくと *rakuraku to*—confortablemente; fácilmente

花見 *hanami*—(flor de cerezo) mirando

しながら *shi nagara*—mientras (disfrutando las flores)

お城に *oshiro ni*—al castillo

帰っていった *kaette itta*—regresaron

ということです *to iu koto desu*—y eso es todo

おしまい *oshimai*—fin

Segunda historia: Hikoichi y el Hanami en japonés

花見

　むかし、むかし、彦一さんというたいへん賢い若者がおりました。
ある春の日、お殿様がお花見に出かけることになりましたので、彦一さんも一緒についていくことになりました。

　皆が出かける支度をしていると、お殿様はこう声をかけました。

　「皆のもの、なにか荷物を運んでもらうが、それぞれ好きなものを持っていけばよいぞ。」

　お花見に持っていく荷物は、殿様が座るいす、地面に敷く毛せん、歌を詠むときにつかう筆、墨などの道具、お茶の道具などいろいろあります。

　家来たちは「どうせ持っていくなら軽いものがいいぞ。」と我先に軽いものを選んで持っていきました。

　彦一さんが残った荷物を見たときは、皆の握り飯が入っているお弁当など重そうなものしか残っていませんでした。

　でも、彦一さんは「これはいいものが残ったぞ。」とにっこり笑って重いお弁当を運び始めました。

　家来たちは、「賢い彦一のくせに、今回ばかりは貧乏くじをひいたな。」と心の中で笑っておりました。

　花見を楽しみ、おいしい食事も済ませ、お殿様はお城に帰ることにしました。

　彦一さんはお殿様にこう声をかけました。「お殿様、あちらをごらんください。まだまだ美しい桜が咲いております。山のあちらのほうからお帰りになれば、花見をしながらお城に帰ることができます。」

　お殿様は山の向こうをご覧になって、「そうじゃの、彦一のいうとおりじゃ、あちらのほうから帰ろう。」

　家来たちは、荷物を持って山の向こうまで行かなくてはならないので、本当はいやでしたが、お殿様には逆らえません。

　家来たちがそれぞれ自分の荷物を持ち上げて帰る用意をしているというのに、彦一はなにも入っていない風呂敷をたたんでふところにしまいました。

　手ぶらです。

　家来の一人が彦一さんにこう尋ねました。

　「もしもし、彦一様、あなた様のお荷物はどこにいきましたか？」

　彦一さんは、にっこりと笑ってこう答えました。

　「はい、皆様のおなかの中に入ってしまいました。」

　彦一さんは、一人だけらくらくと花見をしながらお城に帰っていったということです。

おしまい。

Segunda historia: Hikoichi y el Hanami.
Resumen en español

Aquí hay un resumen de la historia en español. Por favor, intenta leerla en japonés primero y usa esta solo si es necesario.

Hace mucho tiempo, hubo un joven hombre llamado Hikoichi. Un día de primavera, el rey quería ver las flores de cerezo. Él les dijo a todos que escogieran alguna bolsa para llevar. Rápidamente todos escogieron las bolsas más ligeras. Sólo las pesadas bolsas de comida quedaron para Hikochi, pero él parecía estar encantado por este hecho, y todos murmuraron entre ellos que el inteligente Hikoichi parecía ser un poco estúpido.

Al fin arribaron al lugar designado, almorzaron, escribieron poemas, y disfrutaron de las flores. Cuando habían terminado y estaban listos para regresar al castillo, Hikoichi le sugirió al rey regresar por el camino largo para poder disfrutar aún más de las flores. El rey pensó que era una idea espléndida, pero las otras personas no parecían muy entusiasmadas por tener que cargar sus cosas más tiempo del necesario.

Mientras ellos estaban empacando las cosas para regresar, uno de ellos le preguntó a Hikoichi dónde estaban las suyas. Él se rio y dijo: "¡¿por qué?! En el estómago de todos, por supuesto".

Tercera historia: Hikoichi y el paraguas viviente - Comentado

<ruby>彦一<rt>ひこいち</rt></ruby>さんの<ruby>生<rt>い</rt></ruby>きた<ruby>傘<rt>かさ</rt></ruby>

<ruby>昔<rt>むかし</rt></ruby>、<ruby>昔<rt>むかし</rt></ruby>あるところに、<ruby>彦一<rt>ひこいち</rt></ruby>さんという<ruby>人<rt>ひと</rt></ruby>がいました。

むかし、むかし *mukashi, mukashi*—Érase una vez [la forma más común de comenzar un cuento de hadas japones. El kanji es 昔]

あるところに *aru tokoro ni*—en cierto lugar; en algún lugar [el ある le adiciona inseguridad o generalización]

彦一さん *hikoichi san*—Hikoichi

という人 *to iu hito*—semejante persona [という significa "se llama así"]

が *ga*—[partícula que usualmente indica el sujeto]

いました *imashita*—vivía; fue [usa いました con seres vivos y ありました con objetos inanimados]

彦一さんは遊んでばかりで、全然働きませんでした。

遊んでばかり *asonde bakari*—todo (lo que él hacía era) jugar [〜ばかり nada más que...: 食べてばかり *tabete bakari*—haciendo nada más que comer]

で *de*—partícula usada para indicar causa o efecto

全然働きません *zenzen hatarakimasen*—no funcionó para nada; no funcionó en absoluto

そのうち、すっかりお金<ruby>かね</ruby>がなくなってしまいました。

そのうち *sono uchi*—entre ese tiempo, eventualmente

すっかり *sukkari*—completamente

お金 *okane*—dinero

なくなってしまいました *nakunatte shimaimashita*—lo perdió todo

「もう食べるものを買うお金もないな。
どうしよう。」

もう *mō*—ya; no más (con el negativo ない)

食べるもの *taberu mono*—comida

を *o*—indicador de objeto directo (comida)

買うお金 *kau okane*—dinero para comprar

もない *mo nai*—tampoco existe; incluso no está allí; ni siquiera está allí

どうしよう *dōshiyō*—¿qué hacer?; ¿qué debería hacer?

彦一さんは、「傘を作って売ろう！」と
思いつき、傘を作ることにしました。

傘 *kasa*—el paraguas; la sombrilla

作って *tsukutte*—hacer (y)

売ろう *urō*—vender

と思いつき *to omoitsuki*—planeó; pensó sobre [el と se usa cuando se está citando algo que fue dicho: tener la idea de vender paraguas]

作ること *tsukuru koto*—haciendo; el acto de hacer

にしました *ni shimashita*—decidió sobre

傘屋になっても、そう簡単に傘が売れる
わけではありませんでした。

傘や *kasa ya*—quien hace paraguas [el や convierte muchos productos en sus profesiones: 本屋 *honya*—tienda de libros; パンや *panya*—panadería]

になっても *ni natte mo*—incluso convirtiéndose

そう *sō*— así; tan (fácil)

簡単に *kantan ni*—fácilmente

売れる *ureru*—poder vender

わけ *wake*—conclusión de su razonamiento

ではありませんでした *dewa arimasen deshita*—no fue [nota que el は es la partícula y por lo tanto se pronuncia *wa*]

「なかなか儲からないな、どうしよう。
そうだ、看板を作ろう。」

なかなか *nakanaka*—de ninguna manera; bajo ninguna circunstancia (con el negativo)

儲からない *mōkaranai*—sin ganancia

な *na*—[forma de terminar un frase, indicando emoción o énfasis]

どうしよう *dōshiyō*—¿qué hacer?

そうだ *sou da*—¡lo tengo!; ¡lo sé!

看板 *kanban*—una señal

作ろう *tsukurou*—voy a hacer

彦一さんは、二階の軒先に傘をつるして、

看板にしました。

二階 *nikai*—segundo piso de un edificio

軒先 *noki saki*—borde de los aleros

二階の軒先に *nikai no nokisaki ni*—en el borde de los aleros del segundo piso

つるして *tsurushite*—colgar; cuelga

看板にしました *kanban ni shimashita*—hizo la señal (del paraguas)

この傘は、雨が降るといつのまにか傘が開き、

この傘 *kono kasa*—este paraguas

雨 *ame*—lluvia

降ると *furu to*—al caer; cuando llueve (cae lluvia: 雨が降る) [el と añade el significado de "caer" o "cuando (llueve)"]

いつのまにか *itsunomanika*—antes de que uno sepa; mientras no lo sabe

開き *hiraki*—(el paraguas) se abre

晴<ruby>は<rt></rt></ruby>れると傘<ruby>かさ<rt></rt></ruby>が閉<ruby>と<rt></rt></ruby>じているので、「生<ruby>い<rt></rt></ruby>きて
いる傘<ruby>かさ<rt></rt></ruby>だ！！」と言<ruby>い<rt></rt></ruby>って、

晴れると *hareru to*—al volverse soleado

閉じている *tojiteiru*—cerrando

ので *node*—entonces

生きている傘 *ikiteiru kasa*—paraguas viviente

と言って *to itte*—fue llamado [el と es el indicador de comillas]

町の人たちの 間 でたいへん 評 判 になり
ました。

町の人たち *machi no hitotachi*—la gente del pueblo [たち es plural]

の間で *no aida de*—entre (la gente del pueblo)

たいへん *taihen*—mucho

評判 *hyōban*—fama; popularidad; reputación

になりました *ni narimashita*—se hizo; obtuvo

おかげで彦一さんは傘が売れて大繁盛
しました。

おかげで *okage de*—por eso; debido a eso

傘が売れて *kasa ga urete*—se vendían los paraguas

大繁盛 *dai hanjō*—gran prosperidad; (vendiendo) muy bien

この「生きている傘」の評判は殿様のところにも及び、殿様はその傘がほしくなりました。

この kono—este

生きている傘 ikiteiru kasa—un paraguas viviente

の評判 no hyōban—la reputación del (paraguas viviente)

殿様 tono sama—el señor (de la región)

のところにも no tokoro ni mo—aún en el hogar (del señor); incluso al hogar (del señor)

及び oyobi—alcanzó

その傘 sono kasa—este paraguas

ほしくなりました hoshiku narimashita—comenzó a querer (el paraguas)

さっそく家来を彦一さんのところに行か
せ、「その生きている傘をぜひ譲ってい
ただきたい。」と伝えました。

さっそく *sassoku*—inmediatamente

家来 *kerai*—siervo; criado

彦一さんのところに *hikoichi san no tokoro ni*—adonde estaba Hikoichi

行かせ *ikase*—mandó; envió (a Hikoichi)

その生きている傘 *sono ikiteiru kasa*—ese paraguas viviente

ぜひ *zehi*—por todos los medios; definitivamente

譲っていただきたい *yuzutte itadakitai*—(me) gustaría que me vendieras

と伝えました *to tsutaemashita*—le fue comunicado [と es el indicador de comillas]

さあ、困ったのは彦一さんです。

さあ *saa*—entonces

困ったのは *komatta no wa*—quien estaba en problemas era
(Hikoichi)

実は、あの傘は彦一さんが誰にも見られないようにこっそりと

実は *jitsu wa*—en realidad...

あの傘 *ano kasa*—aquel paraguas

誰にも *dare ni mo*—a nadie

見られない *mirarenai*—puede ver; es capaz de ver

ように *yōni*—para que (nadie lo vea)

こっそりと *kossori to*—en secreto; a hurtadillas

晴れた日には閉じて、

晴れた日 *hareta hi*—día soleado

には *ni wa*—respecto a los (días soleados) [estas son dos partículas: に significa "para" o "respecto a" (momento u ocasión) y は cuál es la partícula de tema]

閉じて *tojite*—cerrado

雨の日には開いていたのでした。

雨の日には *ame no hi ni wa*—respecto a los días de lluvia

開いていた *hiraiteita*—abierto

のでした *no deshita*—está [el の indica que lo que precede es una explicación]

そこで、「あの傘はたった一つしかない
家宝なので、殿様といえど譲るわけには
参りません。」と断りました。

そこで *soko de*—entonces; en consecuencia...

たった *tatta*—solo

一つ *hitotsu*—uno

しかない *shika nai*—solo este; no hay otro

家宝 *kahō*—reliquia familiar

なので *na node*—entonces; debido a eso

殿様 *tonosama*—el señor (de la región)

といえど *toiedo*—sea como fuere

譲る *yuzuru*—vender; entregar

わけには参りません *wake ni wa mairimasen*—no es posible

断りました *kotowarimashita*—rechazó; rehusó

ところが、家来は「お金はいくらでも払います。」と言ったものですから、

ところが *tokoro* ga—aun así; sin embargo

家来 *kerai*—siervo; criado

お金 *okane*—dinero

いくらでも *ikura demo*—cualquier cantidad

払います *haraimasu*—pagará

といってものです *to itte mono desu*—lo que fue dicho

から *kara*—por (lo que fue dicho)

彦一さんは大金と引き換えに傘を売ることにしました。

大金 *taikin*—mucho dinero

と *to*—con (mucho dinero)

引き換えに *hikikae ni*—en cambio

傘を売ること *kasa wo uru koto*—la venta del paraguas [el こと hace que el verbo se pueda usar como si fuese un sustantivo]

にしました *ni shimashita*—decidieron hacer

傘を手にした殿様は大喜びで、

手にした *te ni shita*—recibió; llegó a las manos (del señor)

殿様 *tonosama*—el señor (de la región)

大喜びで *ooyorokobi de*—con mucho gozo; con mucha alegría

傘がいつ開くかと城の軒先に飾りました。

いつ開くか *itsu hiraku ka*—cuando se abriría

城の軒先に *shiro no nokisaki ni*— en el borde de los aleros del castillo

飾りました *kazarimashita*—adornó; decoró; fue colocado

雨がいつ降るかと大変楽しみにしていま
したが、なかなか雨が降りません。

雨 *ame*—lluvia

いつ降るかと *itsu furu ka to*—cuando llueva [el と indica una
pregunta y conecta las ideas del señor esperando a que llueva]

大変 *taihen*—mucho

楽しみにしていました *tanoshimi ni shiteimashita*—esperando
que suceda; ansiando

が *ga*—pero; sin embargo

なかなか *nakanaka*—de ninguna manera; simplemente no
pasó

降りません *furimasen*—no llovió

一か月ほどして、ようやく雨が降りました。

一か月ほどして *ikkagetsu hodo shite*—alrededor de un mes después [ほど indica aproximación]

ようやく *yōyaku*—al final; finalmente

雨が降りました *ame ga furimashita*—llovió

待ちに待った殿様はわくわくしながら傘を見ましたが、傘は開きません。

待ちに待った *machi ni matta*—esperó mucho tiempo

待ちに待った殿様 *machi ni matta tonosama*—el señor quien esperó

わくわく *waku waku*—nervioso con emoción

しながら *shi nagara*—mientras (emocionado)

傘を見ました *kasa wo mimashita*—miró el paraguas

が *ga*—pero; sin embargo

開きません *hirakimasen*—no se abrió

何時間待ってもいっこうに傘が開く様子はありませんでした。

何時間待っても *nanjikan mattemo*—por más que esperó

いっこうに *ikkō ni*—completamente; absolutamente

傘が開く様子 *kasa ga hiraku yōsu*—la apariencia del paraguas abriéndose

ありませんでした *arimasen deshita*—no estaba; no se abrió

殿様
とのさま
はすっかり怒
おこ
ってしまい、彦一
ひこいち
さん
を呼
よ
び出
だ
しました。

殿様 *tonosama*—el señor (de la región)

すっかり *sukkari*—completamente; absolutamente (enojado)

怒ってしまい *okotte shimai*—se enojó

彦一さん *hikoichi san*—Hikoichi

呼び出しました *yobi dashimashita*—llamó a (Hikoichi)

「この傘は雨が降ると自分で開くという生きた傘ではなかったか？

この傘は *kono kasa wa*—en cuanto a este paraguas

雨が降ると *ame ga furu to*—cuando llueve

自分で *jibun de*—solo

開く *hiraku*—se abre

という *to iu*—semejante a (un tipo de paraguas que se abre solo)

生きた傘 *ikita kasa*—paraguas viviente

ではなかったか *dewa nakatta ka*—¿no es así?

なぜ、雨が降っても開かぬのじゃ？」

なぜ *naze*—porque

雨が降っても *ame ga futtemo*—aun cuando llueve

開かぬ *hirakanu*—no se abre

の *no*—indica una conclusión del pensamiento o una pregunta

じゃ *ja*—[variación de la cópula だ como finalizador de oración]

彦一さんは、「それではその傘をお見せ
ください。」

それでは *sore dewa*—pues entonces...

その傘 *sono kasa*—este paraguas

を *o*—indicador de objeto indirecto

お見せください *omise kudasai*—por favor déjeme verlo [お～
ください es una construcción educada para pedir a alguien que
haga algo]

殿様の家来が問題の傘を持ってきて、彦一さんに見せると、彦一さんは顔色を変えてこう言いました。

殿様の家来 *tonosama no kerai*—los sirvientes del señor (de la región)

問題の傘 *mondai no kasa*—el paraguas problemático

持ってきて *motte kite*—le trajeron

彦一さんに見せると *hikoichi ni miseru to*—al mostrárselo a Hikoichi

顔色 *kao iro*—el color de la cara

変えて *kaete*—cambió

こう言いました *kō iimashita*—dijo así

「これは大変だ。殿様、最後にこの傘に
食べ物をやったのはいつですか？

これは *kore wa*—en cuanto a esto

大変 *taihen*—serio; terrible

だ *da*—cópula; forma simple de です

殿様 *tonosama*—el señor (de la región)

最後に *saigo ni*—la última vez

この傘に *kono kasa ni*—a este paraguas

食べ物 *tabemono*—comida

を *o*—[indicador de objeto indirecto]

やった *yatta*—dio (verbo usado cuando está dando comida a animales)

のは *no wa*—en cuanto a (la última vez que se alimentó)

いつですか *itsu desu ka*—¿cuándo fue?

長い間、なにも食べていなかったよう
で、この傘は死んでしまったのです。」

長い間 *nagai aida*—por un largo tiempo

なにも *nani mo*—nada

食べていなかった *tabete inakatta*—comió

ようで *yō de*—aparentemente; parece ser

死んでしまった *shinde shimatta*—murió

のです *no desu*—[cópula explicativa de final de oración]

殿様（とのさま）はあっけにとられてなにも言（い）い返（かえ）せなかったそうです。

おしまい。

あっけにとられて *akke ni torarete*—dejar atónito; tomar por sorpresa; quedar perplejo

なにも *nanimo*—nada; nadie [es seguido de un verbo negativo]

言い返せなかった *ii kaese nakatta*—pudo volver a hablar; pudo decir nada en respuesta

そうです *sō desu*—parece ser que (el señor no pudo decir nada en respuesta)

おしまい *oshimai*—fin

Tercera historia: Hikoichi y el paraguas viviente en japonés

彦一さんの生きた傘

昔、昔あるところに、彦一さん　という
　人がいました。

彦一さんは遊んでばかりで、全然
　働きませんでした。そのうち、
　すっかり　お金がなくなってしまい
　ました。

「もう食べるものを買うお金もないな。
　どうしよう。」

彦一さんは、「傘を作って売ろう！」と
　思いつき、傘を作ることにしました。

傘屋になっても、そう簡単に傘が
　売れるわけではありませんでした。

「なかなか儲からないな、どうしよう。
　そうだ、看板を作ろう。」

彦一さんは、二階の軒先に傘を
　つるして、看板にしました。

この傘は、雨が降るといつのまにか傘が
　開き、晴れると傘が閉じているので、
　「生きている傘だ！！」と言って、
　町の人たちの間でたいへん評判にな
　りました。おかげで彦一さんは傘が
　売れて大繁盛しました。

この「生きている傘」の評判は殿様のと
　ころにも及び、殿様はその傘が
　ほしくなりました。

さっそく家来を彦一さんのところに行か
　せ、「その生きている傘をぜひ
　譲っていただきたい。」と伝えまし
　た。

さあ、困ったのは彦一さんです。

実は、あの傘は彦一さんが誰にも
　見られないようにこっそりと晴れた
　日には閉じて、雨の日には開いてい
　たのでした。

そこで、「あの傘はたった一つしかない
　家宝なので、殿様といえど譲るわけ
　には参りません。」と断りました。

ところが、家来は「お金はいくらでも払
　います。」と言ったものですから、
　彦一さんは大金と引き換えに傘を売
　る
　ことにしました。

傘を手にした殿様は大喜びで、傘がいつ
　開くかと城の軒先に飾りました。
　雨がいつ降るかと大変楽しみにして
　いましたが、なかなか雨が降りませ
　ん。

一か月ほどして、ようやく雨が降りまし
　た。待ちに待った殿様はわくわく
　しながら傘を見ましたが、傘は開き
　ません。何時間待ってもいっこうに
　傘が開く様子はありませんでした。

殿様はすっかり怒ってしまい、彦一さん
　を呼び出しました。

「この傘は雨が降ると自分で開く
　という生きた傘ではなかったか？な
　ぜ、雨が降っても開かぬのじゃ？」

彦一さんは、「それではその傘を
　お見せください。」

殿様の家来が問題の傘を持ってきて、彦
　一さんに見せると、彦一さんは顔色
　を変えてこう言いました。

「これは大変だ。殿様、最後にこの傘に
　食べ物をやったのはいつですか？
　長い間、なにも食べていなかったよ
　うで、この傘は死んでしまったので
　す。」

殿様はあっけにとられてなにも言い返せ
　なかったそうです。

おしまい。

Tercera historia: Hikoichi y el paraguas viviente. Resumen en español

Por favor intenta abordarlo primero en japonés y usa esto solo si es necesario.

Hace mucho tiempo, en algún lugar, vivía un hombre llamado Hikoichi. Él solo pierde el tiempo tonteando; no trabaja. Con el tiempo, gastó todo su dinero.

"Ni siquiera tengo dinero para comprar comida. ¿Qué debería hacer?". Luego Hikoichi tuvo una idea: "¡Haré y venderé paraguas!". Entonces, comenzó a fabricar paraguas.

Sin embargo, comenzar un negocio de paraguas no significa necesariamente que uno pueda venderlos.

"No estoy ganando demasiado. ¿Qué debería hacer? ¡Eso es! Haré un cartel".

Hihoichi colocó un paraguas en los aleros del segundo piso. Ese paraguas se abriría en los días lluviosos. En los días soleados, estaba siempre cerrado. Entonces, la gente decía "¡Es un paraguas viviente!". Rápidamente se volvió popular entre los aldeanos. Debido a eso, Hikoichi vendió un montón de paraguas.

Con el tiempo, el señor de la aldea oyó sobre este "paraguas viviente" y comenzó a desearlo.

Inmediatamente envió sus sirvientes hacia Hikoichi con un mensaje: "Me gustaría que me vendieras tu paraguas viviente".

Entonces, ahora era Hikoichi quien estaba en problemas.

En realidad, Hikoichi era quien, secretamente —cuando nadie estuviera mirando— cerraba el paraguas en días soleados y lo abría en días lluviosos.

Debido a eso, Hikoichi contestó: "Ese paraguas es único, un tesoro familiar. Por ello, incluso al señor, me debo negar".

Pero, los sirvientes dijeron: "No importa cuánto cueste, nuestro señor pagará el precio". Hikoichi cedió y vendió el paraguas por una gran cantidad de dinero.

Habiendo recibido el paraguas, el señor estaba encantado. Lo colocó en uno de los aleros del castillo y esperó a que se abriera. Él estaba esperando ansiosamente por un día lluvioso, pero la lluvia no llegaba.

Alrededor de un mes después, finalmente llegó la lluvia. El señor, quien había estado esperando tanto tiempo, miró al paraguas. No se abrió. Sin importar cuántas horas esperó, la posición del paraguas no cambió ni un poco.

El señor, ahora totalmente enojado, mandó a llamar a Hikoichi.

"Este paraguas es el paraguas viviente —aquel que se abrirá solo si llueve, ¿cierto? ¿Por qué no se abrió cuando llovió?".

Hikoichi dijo: "Déjeme ver al paraguas".

Los sirvientes le trajeron a Hikoichi el problemático paraguas. Tras examinarlo, el color de la cara de Hikoichi cambió y dijo: "Esto no es bueno. Señor, ¿cuándo fue la última vez que alimentó al paraguas? Parece que ha pasado mucho tiempo sin comida. Este paraguas ha muerto".

El señor no pudo responder siquiera.

Fin.

Cuarta historia: Hikoichi y el impermeable de paja del Tengu - Comentado

彦一さんと天狗の隠れ蓑

昔、昔 あるところに彦一さんという人がいました。

むかし、むかし *mukashi, mukashi*—hace mucho tiempo [la forma más común de comenzar una fábula japonesa. El kanji es 昔]

あるところに *aru tokoro ni*—en algún lugar [el ある añade incertidumbre o generalización]

彦一さん *hikoichi san*—Hikoichi

という人 *to iu hito*—tal persona [という significa "llamado así"]

が *ga*—[partícula que normalmente indica el sujeto]

いました *imashita*—vivió; fue [usa いました con seres vivos y ありました con objetos inanimados]

彦一さんの住んでいる村のそばの山には
天狗が住んでいて、

の no—indicador posesivo

彦一さんの住んでいる村 hikoichi san no sunde iru mura—la aldea en la que vivía Hikoichi

そばの山に soba no yama ni— en una montaña cercana

天狗 tengu—Tengu; una criatura de las fábulas japonesas con una nariz larga y poderes mágicos

住んでいて sunde ite—estaba viviendo (en la montaña)

着ると 姿 が見えなくなるという隠れ蓑
を持っていました。

着ると *kiruto*—al vestir; al usar

姿 *sugata*—apariencia; figura

見えなくなる *mienaku naru*—se volvía invisible

という *to iu*—tal como (impermeable de paja)

隠れ蓑 *kakure mino*—impermeable de paja para ocultar

を *o*—[indicador de objeto directo]

持っていました *motte imashita*—poseía; tenía (un
impermeable)

彦一さんは天狗の隠れ蓑がほしくてたまりません。

彦一さん *hikoichi san*—Hikoichi

天狗の *tengu no*— (el impermeable de paja) del Tengu

ほしくてたまりません *hoshikute tamarimasen*—no pudo dejar de querer [たまりません significa "no puede dejar de (querer)"]

そこで、あることを思^{おも}いつきました。

そこで *soko de*—y entonces; por ello; así...

あること *aru koto*—algo

思いつきました *omoi tsukimashita*—en lo que pensar; vino a la mente

一本の竹筒を持って山に入ると、その竹筒をのぞいては大騒ぎを始めました。

一本の竹筒 *ippon no takezutsu*—un tubo de bambú

持って *motte*—llevó

山に *yama ni*—a la montaña

入ると *hairu to*—al ingresar (a la montaña)

その竹筒 *sono take zutsu*—ese tubo de bambú

のぞいて *nozoite*—miró (a través del tubo de bambú)

大騒ぎ始めました *oo sawagi hajimemashita*—comenzó a hacer ruido; comenzó a hacer alboroto

「おお、すごい、あんなものが見<ruby>見<rt>み</rt></ruby>える。

おお *oo*—oh

すごい *sugoi*—wow; increíble; fantástico

あんなもの *anna mono*—tales cosas [あんな (tales) es usado para cosas que están lejos]

見える *mieru*—es capaz de ver

城の中が見える。おお、ごちそうも見える。

城の中 *shiro no naka*—dentro del castillo

ごちそう *gochisō*—comidas deliciosas; banquete; festividades

も *mo*—también

見える *mieru*—es capaz de ver

殿様のごちそうだ！」
とのさま

殿様 *tonosama*—señor (del dominio)

殿様のごちそう *tonosama no gochisō*—el banquete del señor

だ *da*—cópula; forma simple de です

こんなことを言って大騒ぎをしているものですから、

こんなこと *konna koto*—tal cosa

言って *itte*—decir

大騒ぎをしている *oosawagi o shiteiru*—hico una gran conmoción [presta atención a 大 que es *oo* y no *ou*]

ものですから *mono desu kara*—debido a eso

天狗がやってきて彦一さんに尋ねました。

てんぐ　　　　　　　　　　　　　　ひこいち　　　　　　たず

天狗 *tengu*—Tengu; una criatura de las fábulas japonesas con una larga nariz y poderes mágicos

やってきて *yatte kite*—pasar; aparecer

彦一さんに *hikoichi san ni*—(preguntó) a Hikoichi

尋ねました *tazunemashita*—preguntó

「いったいそれはなんですか？」

いったい *ittai*—qué...; qué cosa... [es una expresión usada para mostrar sorpresa]

それは *sore wa*—eso

なんですか *nan desu ka*—qué es eso

彦一(ひこいち)さんはしめたとばかりにこう答(こた)えました。

しめた *shimeta*—lo tengo; está bien [Hikoichi cree que tiene al Tengu en sus manos]

とばかりに *to bakari ni*—como si; creyendo que...

こう答えました *kō kotaemashita*—respondió de esta forma

「これは、遠<ruby>眼鏡<rt>とおめがね</rt></ruby>です。

これは *kore wa*—en cuanto a esto

遠眼鏡 *toomegane*—telescopio [literalmente, gafas para ver lejos]

遠くのものがすぐ近くに見えるので
す。」

遠くのもの *tooku no mono*—algo lejano

すぐ近くに *sugu chikaku ni*—justo ahí; justo delante; bien
cerca

天狗<ruby>てんぐ</ruby>はのぞいてみたくなったので、
「ちょっと貸<ruby>か</ruby>してくれませんか？」とい
いました。

天狗 *tengu*—Tengu; una criatura de las fábulas japonesas con
una larga nariz y poderes mágicos

のぞいてみたくなった *nozoite mitaku natta*—quiso comenzar
a espiar

ので *node*—entonces

ちょっと *chotto*—un poco [aquí, esta palabra versátil es usada
a menudo para suavizar un pedido]

貸してくれませんか *kashite kuremasen ka*—¿me lo
prestarías? [くれませんか es una forma educada de pedir algo]

といいました *to iimashita*—(él) dijo [el と indica comillas]

「いえいえ、これはだめです。とても
<ruby>貴重<rt>きちょう</rt></ruby>なものですからね。

いえいえ *ie ie*—no es posible

だめです *dame desu*—de ninguna manera

とても *totemo*—muy

貴重なもの *kichō na mono*—una cosa muy preciada [usa な cuando se conecta 貴重 (preciada) con もの (cosa)]

ですから *desu kara*—porque (es preciada)

ね *ne*—[finalizador de oración que indica énfasis y acuerdo (sabes que es una cosa preciada, por ende, no puedo prestártela)]

でも、天狗さんの持っている隠れ蓑と交換するなら考えてもいいでしょう。」

でも *demo*—pero; sin embargo

天狗さんの持っている *tengu san no motteiru*—el (impermeable) que pertenece a Tengu [literalmente, lo que sostiene el Tengu (la cosa). 持つ significa sostener, pero aquí, puede significar poseer o ser dueño de algo]

隠れ蓑 *kakure mino*—el impermeable de paja para ocultar

と交換する *to kōkan suru*—intercambiar por (el impermeable)

なら *nara*—si (tú intercambias)

考えてもいい *kangaete mo ii*—lo pensaré

でしょう *deshō*—¿no es así?; ¿estás de acuerdo?

どうしても竹筒をのぞいてみたくなった
天狗は、大切な隠れ蓑と交換してしまい
ました。

どうしても *dōshitemo*—por todos los medios; a cualquier costo; debe tener

竹筒 *takezutsu*—el tubo de bambú

のぞいてみたくなった天狗 *nozoite mitaku natta tengu*—Tengu, quien ha comenzado a querer echar un vistazo [nota la construcción: echar un vistazo + querer + comenzar + Tengu]

大切な *taisetsu na*—importante (impermeable)

しまいました *shimaimashita*—muestra finalización a menudo con un posterior arrepentimiento

てん ぐ　　　たけづつ
天狗は竹筒をのぞいてみましたが、なに

み
も見えません。

天狗 *tengu*—Tengu; una criatura de las fábulas japonesas con una larga nariz y poderes mágicos

竹筒 *takezutsu*—tubo de bambú

を *o*—indicador de objeto directo

のぞいてみました *nozoite mimashita*—dio un vistazo

が *ga*—pero; sin embargo

なにも *nani mo*—nada (se usa con un verbo negativo)

見えません *miemasen*—no pudo ver

ただの竹筒ですから、なにも見えるはず
があります。

ただの *tada no*—solo un simple y ordinario (tubo de bambú)

ですから *desu kara*—entonces

なにも見えるはずがありません *nani mo mieru hazu ga arimasen*—no debería ser capaz de ver nada (porque era solo un tubo de bambú) [なにも見える ver nada (con un verbo negativo); はず debería ser capaz]

だまされたと知った天狗は、「彦一め。
だましたな。」と彦一を探しましたが、

だまされた *damasareta*—engañado; embaucado

と知った *to shitta*—comprendió

だまされたと知った天狗 *damasareta to shitta tengu*—Tengu, quien comprendió que fue engañado

彦一め *hikoichi me*—tú, rata inmunda, Hikoichi [め luego de un nombre es un insulto]

だました *damashita*—engañar

な *na*—[finalizador de oración que muestra énfasis y emoción]

と *to*—indica comillas y luego muestra qué pasa a continuación

探しました *sagashimashita*—buscó [el indicador de objeto directo を nos dice a quién buscó, 彦一]

が *ga*—pero; sin embargo

どこにも見^み当^あたりません。

どこにも *doko ni mo*—en ningún lado; sin importar dónde, no estaba [usado con un verbo negativo al final]

見当たりません *mi atarimasen*—no pudo ser encontrado

彦一さんは天狗の隠れ蓑を使って 姿 を
消したので、天狗には見えなかったので
す。

天狗の *tengu no*—del Tengu

隠れ蓑 *kakure mino*—impermeable de paja para ocultar

使って *tsukatte*—usó (el impermeable)

姿 *sugata*—figura; apariencia

消した *keshita*—borró; desapareció

ので *node*—entonces

天狗には *tengu ni wa*—en cuanto al Tengu

見えなかった *mienakatta*—no lo pudo ver más

のです *no desu*—[cópula de explicación]

彦一さんは、姿を消して山を下りると、
家に帰って奥さんに声をかけました。

姿を消して *sugata wo keshite*—desaparecer

山 *yama*—montaña

下りると *oriru to*—al bajar (la montaña)

家に *ie ni*—a la casa/hogar

帰って *kaette*—regresó

奥さんに *okusan ni*—con su esposa

声 *koe*—voz

声をかけました *koe wo kakemashita*—saludar; llamar a alguien

「ひや〜、だれもいないのに私の名前を呼ぶやつがいる。」

ひや〜 *hiya~*—¡uf!

だれもいない *dare mo inai*—no hay nadie

のに *noni*—aunque; aun así

私の名前 *watashi no namae*—mi nombre

呼ぶ *yobu*—llamar

やつ *yatsu*—alguien

呼ぶやつがいる *yobu yatsu ga iru*—hay alguien llamando

奥^{おく}さんはびっくり 仰 天^{ぎょうてん}。腰^{こし}を抜^ぬかしてしまいました。

びっくり *bikkuri*—sorprendió

仰天 *gyōten*—estar sorprendido; dejar atónito

腰を抜かして *koshi wo nukashite*—incapaz de estar parado debido al miedo o sorpresa

しまいました *shimaimashita*—muestra una acción completada

いたずらに成功した彦一さんは、酒屋さ
んに行って酒を飲み始めました。

いたずら *itazara*—broma; travesura

に成功 *ni seikō*—éxito con (la boma)

いたずらに成功した彦一さん *itazura ni seikō shita hikoichi san*—Hikoichi, quien tuvo éxito con su travesura

酒屋さん *sakaya san*—un bar [nota que la pronunciación no es *sakeya*]

に行って *ni itte*—fue a (un bar)

酒 *sake*—sake; alcohol

飲み始めました *nomi hajimemashita*—comenzó a beber

姿が見えませんから、お金を払えと言われることもありません。

姿 *sugata*—figura; apariencia

見えません *miemasen*—no se puede ver

から *kara*—debido a eso

お金を払え *okane wo harae*—pagar la cuenta; pagar con dinero

と言われること *to iwareru koto*—lo dicho (por el barman que pague la cuenta); lo que fue dicho

も *mo*—también

ありません *arimasen*—no fue (la demanda para pagar la cuenta)

いい気分になった彦一さんは、家に帰っ
てグーグー寝てしまいました。

いい気分 *ii kibun*—sentir bien

いい気分になった彦一さん *ii kibun ni natta hikoichi san*—
Hikoichi, quien estaba de buen humor

家に帰って *ie ni kaette*—regresando a casa…

グーグー *gu-gu*—durmió bien; roncando

寝てしまいました *nete shimaimashita*—se durmió [el しまい
ました a menudo indica un arrepentimiento posterior]

さて、奥さんが家の掃除を始めると、タンスの中に汚い蓑がしまってありました。

さて *sate*―bueno, entonces

奥さん *okusan*―esposa

家の掃除 *ie no sōji*―limpiando la casa

始めると *hajimeru to*―al comenzar (la limpieza)

タンス *tansu*―cómoda; cajonera

の中に *no naka ni*―dentro (de la cómoda)

汚い蓑 *kitanai mino*―un sucio impermeable de paja

しまってありました *shimatte arimashita*―estaba dentro; estaba encerrado (en la cómoda)

天狗の隠れ蓑とは知らない奥さんは、

天狗の *tengu no*—del Tengu

隠れ蓑とは *kakure mino towa*—en cuanto al impermeable de paja para ocultar

知らない奥さん *shiranai okusan*—la esposa que no sabía

「こんな汚い蓑。いやだわ、燃やし
てしまおう。」とごみと一緒にかまどで
燃やしてしまいました。

こんな汚い蓑 *konna kitanai mino*—tal impermeable de paja sucio

いやだわ *iyada wa*—¡puaj! [el わ es un finalizador de oración femenino]

燃やして *moyashite*—quemó

と *to*—indicador de comillas

ごみと一緒に *gomi to issho ni*—junto a la basura

かまどで *kamado de*—en el horno

燃やしてしまいました *moyashite shimaimashita*—lo quemó todo

起きてきた彦一さんは、奥さんが蓑を燃やしてしまったと聞いて、たいへん残念がりました。

起きてきた *okitekita*—al despertar; depertó

起きてきた彦一さん *okitekita hikoichi san*—Hikoichi, quien había despertado

奥さん *okusan*—esposa

蓑を燃やしてしまった *mino o moyashite shimatta*—el impermeable de paja fue quemado

と聞いて *to kiite*—al escuchar (que fue prendido fuego)

たいへん *taihen*—muy

残念 *zannen*—lamentar; decepcionado

がりました *garimashita*—sentimiento (de lamento)

しかし、かまどに残った灰をみて、「もしかするとまだ効き目が残っているかもしれない。」と灰を体に塗ってみました。

しかし *shikashi*—pero; sin embargo

かまどに *kamado ni*—en el horno

残った灰 *nokkota hai*—las cenizas restantes

みて *mite*—ver

もしかすると *moshikasuruto*—quizás; tal vez

まだ効き目 *mada kikime*—todavía tenga efecto; podría funcionar

残っている *nokotteiru*—todavía existe

かもしれない *kamoshirenai*—podría; ser posible

と *to*—indicador de comillas

灰を体に *hai o karada ni*—cenizas a su cuerpo

塗ってみました *nutte mimashita*—esparció; untó

すると、どうでしょう。

すると *suruto*—y entonces

どうでしょう *dō deshō*—¿qué creen que pasó?

灰を塗ったところがみるみる見えなくな
りました。

灰を塗ったところ *hai o nutta tokoro*—la parte que tenía
esparcida las cenizas

みるみる *miru miru*—rápidamente; en un abrir y cerrar de ojos

見えなくなりました *mienaku narimashita*—desapareció

彦一さんは喜んで、裸になって全身に灰を塗ってまた酒屋さんに出かけて酒を飲み始めました。

喜んで *yorokonde*—con alegría

裸になって *hadaka ni natte*—se desnudó

全身に *zenshin ni*—a (su) cuerpo entero

また酒屋さんに出かけて *mata sakaya san ni dekakete*—partió nuevamente hacia el bar

飲み始めました *nomi hajimemashita*—comenzó a beber

ところが、酒を飲むときに口元の灰が取
れてしまいました。

ところが tokoro ga—pero; sin embargo

酒 sake—sake; alcohol

飲むときに nomu toki ni—mientras bebía

口元 kuchi moto—alrededor de su boca

口元の灰 kuchi moto no hai—las cenizas alrededor de su boca

取れてしまいました torete shimaimashita—se fueron

すると、口<ruby>口<rt>くち</rt></ruby>だけ空<ruby>中<rt>くうちゅう</rt></ruby>に浮<ruby>き<rt>う</rt></ruby>きだして見<ruby>見<rt>み</rt></ruby>えるではありませんか。

すると *suruto*—y entonces

口だけ *kuchi dake*—solo la boca

空中に *kuuchuu ni*—en medio del aire

浮き出して *uki dashite*—sobresalieron; aparecieron

見える *mieru*—podía ser visto

ではありませんか *dewa arimasen ka*—¿no es así?

お酒を注いでいた女中さんがそれを見つけて大騒ぎを始めました。

お酒 *osake*—sake [como お茶 *ocha*, sake es a menudo precedido con una お que indica respeto]

注いでいた女中さん *tsuide ita jochuu san*—la doncella que estaba sirviendo

それを見つけて *sore o mitsukete*—al encontrar eso (los labios flotantes)

大騒ぎ *oosawagi*—un gran alboroto

始めました *hajimemashita*—comenzó

「口だけのお化けがでた〜。」

口だけ *kuchi dake*—solo la boca

お化け *obake*—fantasma

でた〜 *deta~*—apareció

店中騒ぎになってしまったので、彦一さんは店の主人に追い回され、大慌てで外に逃げ出しました。

店中 *mise juu*—por toda la tienda [中 *chuu* cambia a *juu* luego de ciertos sonidos]

騒ぎ *sawagi*—griterío

になってしまった *ni natte shimatta*—se volvió

ので *node*—entonces

店の主人 *mise no shujin*—el dueño de la tienda

追い回され *oi mawasare*—fue perseguido (por el dueño)

大慌てで *ooawate de*—con gran prisa

外に *soto ni*—al exterior; afuera

逃げ出しました *nige dashimashita*—escapó

一生懸命に逃げているうちに、川に
落ちてしまった彦一さんは、

一生懸命 *isshōkenmei*—con todo el esfuerzo de uno

逃げているうちに *nigeteiru uchi ni*—mientras escapa

川に *kawa ni*—en un río

落ちて *ochite*—cayendo

落ちてしまった彦一さん *ochite shimatta hikoichi san*—
Hikoichi quien había caído

灰が水で流されてしまって、すっかり
裸になってみんなの前に現れました。

灰 *hai*—cenizas

水で *mizu de*—con agua

流されてしまって *nagasarete shimatte*—se fueron; se lavaron

すっかり *sukkari*—completamente

裸になって *hadaka ni natte*—apareció desnudo; estaba desnudo

みんなの前に *minna no mae ni*—delante de todos

現れました *arawaremashita*—apareció

「川の中に 裸 の彦一がいるぞ。」とみ
んなに大笑いされたそうです。

おしまい。

川の中に *kawa no naka ni*—en el medio del río

裸の彦一 *hadaka no hikoichi*—un desnudo Hikoichi

いるぞ *iru zo*—está ahí [いる con seres vivos; ぞ finalizador que da énfasis]

と *to*—indicador de comillas

みんなに *minna ni*—de todos (Hikoichi recibió risas)

大笑いされた *oowarai sareta*—se rieron de

そうです *sō desu*—al parecer; así parece

おしまい *oshimai*—fin

Cuarta historia: Hikoichi y el impermeable de paja del Tengu en japonés

彦一さんの天狗の隠れ蓑

昔、昔あるところに彦一さんという人がいました。

彦一さんの住んでいる村のそばの山には天狗が住んでいて、着ると姿が見えなくなるという隠れ蓑を持っていました。

彦一さんは天狗の隠れ蓑がほしくてたまりません。そこで、あることを思いつきました。

　一本の竹筒を持って山に入ると、その竹筒をのぞいては大声で騒ぎを始めました。

　「おお、すごい、あんなものが見える。城の中が見える。おお、ごちそうも見える。殿様のごちそうだ！」

　こんなことを言って大騒ぎをしているものですから、天狗がやってきて彦一さんに尋ねました。

　「いったいそれはなんですか？」

　彦一さんはしめたとばかりにこう答えました。

　「これは、遠眼鏡です。遠くのものがすぐ近くに見えるのです。」

　天狗はのぞいてみたくなったので、「ちょっと貸してくれませんか？」といいました。

「いえいえ、これはだめです。とても貴重なものですからね。でも、天狗さんの持っている隠れ蓑と交換するなら考えてもいいでしょう。」

どうしても竹筒をのぞいてみたくなった天狗は、大切な隠れ蓑と交換してしまいました。

天狗は竹筒をのぞいてみましたが、なにも見えません。ただの竹筒ですから、なにも見えるはずがありません。

だまされたと知った天狗は、「彦一め。だましたな。」と彦一を探しましたが、どこにも見当たりません。彦一さんは天狗の隠れ蓑を使って姿を消したので、天狗には見えなかったのです。

彦一さんは、姿を消して山を下りると、家に帰って奥さんに声をかけました。

「ひや～、だれもいないのに私の名前を呼ぶやつがいる。」

　奥さんはびっくり仰天。腰を抜かしてしまいました。

　いたずらに成功した彦一さんは、酒屋さんに行って酒を飲み始めました。

　姿が見えませんから、お金を払えと言われることもありません。

　いい気分になった彦一さんは、家に帰ってグーグー寝てしまいました。

　さて、奥さんが家の掃除を始めると、タンスの中に汚い蓑がしまってありました。

　天狗の隠れ蓑とは知らない奥さんは、「こんな汚い蓑。いやだわ、燃やしてしまおう。」とごみと一緒にかまどで燃やしてしまいました。

　起きてきた彦一さんは、奥さんが蓑を燃やしてしまったと聞いて、たいへん残念がりました。

しかし、かまどに残った灰をみて、
「もしかするとまだ効き目が残っている
かもしれない。」と灰を体に塗ってみま
した。すると、どうでしょう。灰を
塗ったところがみるみる見えなくなりま
した。

彦一さんは喜んで、裸になって全身
に灰を塗ってまた酒屋さんに出かけて酒
を飲み始めました。

ところが、酒を飲むときに口元の灰
が取れてしまいました。

すると、口だけ空中に浮きだして
見えるではありませんか。

お酒を注いでいた女中さんがそれを
見つけて大騒ぎを始めました。

「口だけのお化けがでた〜。」

店中騒ぎになってしまったので、
彦一さんは店の主人に追い回され、大慌
てで外に逃げ出しました。

一生懸命に逃げているうちに、川に
落ちてしまった彦一さんは、灰が水で
流されてしまって、すっかり裸になって
みんなの前に現れました。

「川の中に裸の彦一がいるぞ。」と
みんなに大笑いされたそうです。

おしまい。

Cuarta historia: Hikoichi y el impermeable de paja del Tengu. Resumen en español

Por favor intenta abordarlo primero en japonés y usa esto solo si es necesario.

Hace mucho tiempo, en algún lugar, vivía un hombre llamado Hikoichi. En una montaña cercana a la aldea de Hikoichi, vivía un Tengu, quien poseía un impermeable de paja de ocultamiento que le permitía hacerse invisible.

Hikoichi deseaba el impermeable de paja del Tengu. Entonces, se le ocurrió una idea. Tomó un simple tubo de bambú e ingresó a la montaña. Al mirar a través de ese tubo, comenzó a hacer una gran conmoción en voz alta.

"¡Oh! ¡Wow! ¡Todo lo que puedo ver! Puedo ver dentro del castillo. Ohhh, qué festín. Es el banquete del señor".

Debido a que estaba hacienda tanto escándalo y diciendo tales cosas, el Tengu finalmente apareció y le preguntó a Hikoichi: "¿Qué es esa cosa?".

Hikoichi, pensando en que lo había logrado, respondió lo siguiente: "Esto es un telescopio. Las cosas lejanas parecen estar cerca".

El Tengu quería echar un vistazo, por lo que dijo: "Déjame tomarlo prestado un momento".

"Oh, no. Eso no estaría bien. Es un gran tesoro, ¿sabes? Pero, si estuvieras dispuesto a intercambiar tu impermeable de paja por él, lo pensaré".

El Tengu, realmente quería echar un vistazo a través del tubo de bambú, por lo que intercambió su preciado impermeable de ocultamiento.

Pero al mirar a través del tubo de bambú, no vio nada. Era un simple tubo de bambú. Uno no esperaría ver nada.

El Tengu, habiéndose dado cuenta de que había sido engañado, dijo "Hikoichi mentiroso". Y buscó por él. Pero no lo pudo ver por ningún lado. Hikoichi tenía puesto el impermeable de paja de ocultamiento del Tengu y había desaparecido. El Tengu no podía verlo.

Hikoichi, invisible, bajó la montaña y, al entrar a su casa, saludó a su esposa.

"¡Uf! No hay nadie aquí, pero alguien dijo mi nombre". La esposa estaba sorprendida y cayó en una silla, incapaz de mantenerse de pie por la sorpresa.

Habiendo triunfado en su travesura, Hikoichi fue al bar y comenzó a beber sake. Como no podía ser visto, nadie le pidió dinero.

Sintiéndose estupendo, Hikoichi fue a casa y se durmió rápidamente. Luego, su esposa comenzó a limpiar la casa. Al hacerlo, encontró un impermeable de paja muy sucio en la cómoda. La esposa, no sabiendo que era un impermeable de paja de ocultamiento de un Tengu, dijo: "Esto está muy sucio. Uf. Lo voy a quemar". Al decir eso, lo quemó junto al resto de la basura.

Hikoichi, luego de despertar, se enteró que su esposa lo había quemado y se puso muy triste.

Pero al ver las cenizas restantes en el horno, dijo: "Quizás aún funcione". Tomó las cenizas y las esparció sobre su cuerpo. Y entonces —¿qué creen que pasó? —la zona que había sido untada con cenizas de repente desapareció.

Con gran alegría, Hikoichi se sacó su ropa y se esparció las cenizas por todo su cuerpo. Él regresó al bar y comenzó a beber sake.

Sin embargo, el sake quitó las cenizas alrededor de su boca. ¿No significaría eso que solo su boca sería visible y aparecería flotando en medio del aire?

La doncella que estaba sirviendo sake vio los labios y comenzó a gritar. "¡Es un fantasma con solo una boca!".

Toda la tienda estaba en caos. Hikoichi fue perseguido por el dueño de la tienda por todos lados. Con gran apuro, Hikoichi escapó fuera.

Mientras escapaba con todas sus fuerzas, Hikoichi cayó al río. El agua removió todas las cenizas. A la vista de todos, apareció un Hikoichi desnudo.

"¡Hey, está Hikoichi desnudo en el río!". Todos estallaron en risas.

Fin.

Enfoque en el Kanji

Los siguientes son algunos de los más importantes kanjis encontrados en el libro. La lectura <u>subrayada</u> probablemente sea la más usada. Si hay un . significa que lo que aparece antes del punto está en el kanji, y lo que aparece después del punto sigue al kanji en hiragana.

READINGS
<u>イチ</u>;イツ; ひと; ひと.つ

MEANING
uno

EXAMPLE
一回 una vez; alguna vez
<small>いっかい</small>

READINGS
ケン; <u>かしこ.い</u>

MEANING
inteligente; sabio; sabiduría; ingenio

EXAMPLE
悪賢い astuto; ingenioso; artero; listo
<small>わるがしこ</small>

READINGS
ジャク; ニャク; <u>わか.い</u>

MEANING
joven; inmaduro

EXAMPLE
若い者 persona joven
<small>わか もの</small>

者

READINGS シャ; もの

MEANING alguien; persona

EXAMPLE 田舎者 montañés;
pueblerino; persona rural

住

READINGS ジュウ; す.む

MEANING morar; residir; vivir

EXAMPLE 住宅 residencia; vivienda

難

READINGS ナン; かた.い; むずか.し
い; にく.い

MEANING difícil; imposible

EXAMPLE 気難しい exigente;
malhumorado

有

READINGS ユウ; あ.る

MEANING poseer; tener; existir

EXAMPLE 有名 famoso

名

READINGS メイ; ミョウ; な

MEANING nombre; reputación

EXAMPLE 名前 nombre

殿

READINGS	デン; テン; <u>との</u>
MEANING	Sr.; sala; palacio; Señor
EXAMPLE	殿様 Señor feudal

様

READINGS	ヨウ; ショウ; <u>さま</u>
MEANING	forma; manera; situación; sufijo respetuoso
EXAMPLE	神様 Dios

城

READINGS	ジョウ; <u>しろ</u>
MEANING	castillo
EXAMPLE	城跡 ruinas de un castillo

行

READINGS	コウ; ギョウ; アン; <u>い.く</u>; ゆ.く; おこな.う
MEANING	ir; viaje
EXAMPLE	飛行機 avión

着

READINGS	チャク; ジャク; <u>き.る</u>; -ぎ; き.せる; -き.せ; つ.く; つ.ける
MEANING	vestir (vestimenta); llegar
EXAMPLE	水着 trajes de baño; bañador

物

READINGS ブツ; モツ; もの

MEANING cosa; objeto; materia

EXAMPLE 動物 animal

家

READINGS カ; ケ; いえ; や; うち

casa; hogar; familia;

MEANING experto

EXAMPLE 家族 familia; miembros de una familia

来

READINGS ライ; く.る

venir; previsto; siguiente;

MEANING convertirse

EXAMPLE 来週 la semana siguiente

墨

READINGS ボク; すみ

tinta negra; tinta china;

MEANING México

EXAMPLE 墨絵 pintura con tinta

知

READINGS チ; し.る; し.らせる

MEANING saber; sabiduría

EXAMPLE 知恵 sabiduría

恵

READINGS
MEANING
EXAMPLE

ケイ; エ; めぐ.む

favor; bendición; gracia; bondad

<ruby>恵<rt>めぐ</rt></ruby>み bendición; gracia

花

READINGS
MEANING
EXAMPLE

カ; ケ; はな

flor

<ruby>花畑<rt>はなばたけ</rt></ruby> jardín de flores; cantero

見

READINGS
MEANING
EXAMPLE

ケン; み.る

ver; mirar; idea

<ruby>意見<rt>いけん</rt></ruby> opinión; vista; comentario

傘

READINGS
MEANING
EXAMPLE

サン; かさ

paraguas

<ruby>相合傘<rt>あいあいがさ</rt></ruby> compartir un paraguas con alguien

Vocabulario

「」 comillas

A

あちらのほう achira no hou—por allí

あちら achira—allí

あげなさい agenasai—levanta (orden)

あっけにとられて akke ni torarete— tomar desprevenido; perplejo; con la guardia baja

雨が降っても ame ga futtemo— incluso cuando llueve

雨が降りました ame ga furimashita—llovió

雨が降ると ame ga furu to—cuando llueve

雨の日には ame no hi ni wa—en cuanto a los días lluviosos

雨 ame—lluvia

あなた様 anata sama—usted (formal)

あんなもの anna mono—tales cosas [あんな (tales) es usado para cosas que están lejos]

あの傘 ano kasa—ese paraguas

現れました arawaremashita—apareció

ありませんでした arimasen deshita—no fue; no era (abierto)

ありません arimasen—no fue (una demanda para pagar la cuenta)

あること aru koto—algo

あるところに aru tokoro ni—en algún lugar [el ある añade duda o generalización]

ある春 aru haru—una primavera

遊び相手 asobi aite—compañero de juegos

遊んでばかり asonde bakari—todo (lo que él hacía era) jugar [〜ばかり nada más que: 食べてばかり tabete bakari—no hacer nada más que comer]

与えた ataeta—dio; otorgó

後の子供 ato no kodomo—los otros niños [el ato aquí significa "otros" y no "luego"]

あと ato—después

B

びっくり bikkuri—sorprendido

貧乏くじ binbou kuji— un número de lotería perdedor; el palito más corto

C

知恵 chie—sabiduría

ちょっと chotto—un poco [aquí, esta versátil palabra es usada para suavizar el pedido]

D

だ da—cópula; forma simple de です

大繁盛 dai hanjou— gran prosperidad; (vendiéndose) muy bien

だまされたと知った天狗 damasareta to shitta tengu—el Tengu, quien entendió que fue engañado.

だまされた damasareta—timado, engañado

だました damashita—engañado

だめです dame desu—eso no servirá

だれもいない dare mo inai—no hay nadie cerca

誰にも dare ni mo—a nadie; nadie

で de—y [muestra una relación entre las dos frases]

出かける支度 dekakeru shitaku— preparaciones para irse

でも demo—pero; sin embargo

でも demo— incluso (los sirvientes)

で de— partícula usada para indicar causa y efecto

でしょう deshou—¿no lo haría?; ¿no estás de acuerdo?

ですから desu kara—por lo tanto

でた〜 deta~—apareció

ではありませんか dewa arimasen ka—¿no lo fue?

ではありませんでした dewa arimasen deshita—no lo fue
[nota que は es una partícula y por lo tanto se pronuncia wa]

ではなかったか dewa nakatta ka—¿no lo fue?

どこに doko ni—adónde

どこにも doko ni mo—a ningún lado; "a cualquier lado", no
había [usado con un verbo negativo al final]

どんな〜でも donna ~ demo—sin importar qué tan... (difícil)

どんな難しい問題でも donna muzukashii mondai demo— sin
importar qué tan difícil el problema (él igual lo resolvió)

どの子 dono ko—cuál niño

どの子も dono ko mo— cada uno de los niños

どれ dore—bien

どうでしょう doudeshou—¿qué crees que pasó?

道具 dougu—instrumentos; herramientas

どうじゃ douja—bien, entonces

どうせ douse—de todas formas; en todo caso

どうしても doushitemo— desde ya; a toda costa; debe tener

どうしよう doushiyou— ¿qué debería hacerse?; ¿qué hacer?

E

選んで erande—eligió

F

筆 fude— bolígrafo; pincel

降りません furimasen— no cayó (lluvia); no llovió

風呂敷 furoshiki—furoshiki; una tela para cargar cosas

降ると furu to— al caer; cuando llueve (llueve: 雨が降る) [el añade el significado de "al" o "cuando (llueve)"]

二人 futari— dos personas

ふところ futokoro— en el pecho de un kimono

G

がおりました ga orimashita—había un...

が ga—pero; sin embargo

がりました garimashita— sentimiento (de arrepentimiento)

が ga—[La partícula que usualmente indica el sujeto]

ごちそうも gochisou mo— también comidas deliciosas; banquete; festividades

ごみと一緒に gomi to issho ni— junto con la basura

5人もの gonin mono— cinco personas [el mono muestra sorpresa ante un número grande]

五人 gonin—cinco personas

ご覧ください goran kudasai— por favor, mire (educado)

ご覧になって goran ni natte— ver (las montañas)...

グーグー gu-gu-— durmió bien; roncar

仰天 gyouten— estar fascinado; dejar atónito

H

裸になって hadaka ni natte— desnudarse

裸の彦一 hadaka no hikoichi— un Hikoichi desnudo

灰を体に hai wo karada ni— cenizas a su cuerpo

灰を塗ったところ hai wo nutta tokoro— parte que esparció las cenizas

灰 hai— cenizas

入りました hairimashita— entró [uso figurado para escuchar algo; lit. entró al oído]

入ると hairu to— al entrar (a la montaña)

入っていない haitte inai— nada adentro

入っておいで haitte oide— entra y ven hacia aquí

入ってくる haitte kuru— entró

入ってしまいました haitte shimaimashita— entró completamente

入っている haitteiru— está adentro

はい hai— sí; bien...

始めました hajimemashita— empezó

始めると hajimeru to— al empezar (la limpieza)

運び始めました hakobi hajimemashita— empezó a cargar

運んでもらう hakonde morau— haré que (todos) carguen

花見 hanami—(flor de cerezo) observar flores

払います haraimasu— pagarán

晴れると hareru to— al volverse soleado

晴れた日 hareta hi— día soleado

日 hi—día

ひいた hiita—sacó (el palito corto)

引き換えに hikikae ni—a cambio

彦一さん hikoichi san—Hikoichi (nombre)

彦一さんに hikoichi san ni—(pregunta) a Hikoichi

彦一さんのところに hikoichi san no tokoro ni— adonde estaba Hikoichi

彦一さんの住んでいる村 hikoichi san no sunde iru mura— el pueblo en donde vivía Hikoichi

彦一に見せると hikoichi ni miseru to— al mostrárselo a Hikoichi

彦一め hikoichi me—Hikoichi, "rata inmunda" [め luego de un nombre, es un insulto]

起きてきた彦一さん okitekita hikoichi san—Hikoichi, quien se había despertado

彦一 hikoichi— Hikoichi quiere decir "Hikoichi cree porque (a causa del interés de Tengu) está al borde del éxito"]

開いていた hiraiteita—abrió

開かぬ hirakanu—no se abrirá

開き hiraki—(el paraguas) se abre

開きません hirakimasen—no se abrió

いつ開くか itsu hiraku ka—cuando se abre

開く hiraku—abre

一人だけ hitori dake— solo una persona; el único

一人 hitori—una persona

一つ hitotsu—una; un

ひや～ hiya~—¡uf!

本物の若 honmono no waka—el verdadero joven señor

本物の若様 honmono no waka sama— el verdadero joven señor

ほんとうに hontou ni—realmente

本当は hontou wa— pero, realmente; honestamente...

ほしくなりました hoshiku narimashita— empezó a querer (el paraguas)

ほしくてたまりません hoshikute tamarimasen— no podía dejar de querer [たまりません significa no puede dejar (de querer)]

褒美 houbi—elogiar

評判の hyouban no— famoso; respetado...

評判 hyouban— fama; popularidad

I

いえいえ ie ie—de ninguna manera

家に ie ni—a la casa/hogar

家に帰って ie ni kaette—volviendo a casa...

家の掃除 ie no souji—limpieza de la casa

いいもの ii mono—algo bueno

いい気分 ii kibun—un buen sentimiento

いい気分になった彦一さん ii kibun ni natta hikoichi san—Hikoichi, quien estaba de buen humor

言い返せなかった ii kaese nakatta—couldn't return speech; no podía decir nada en respuesta

いい ii—bien; mejor

行かなくてはならない ikanakute wa naranai—no tenía otra opción que ir

行かせ ikase—envió (a Hikoichi)

いきました ikimashita—fue

生きた傘 ikita kasa—paraguas viviente

生きている傘 ikiteiru kasa—paraguas viviente

一か月ほどして ikkagetsu hodo shite—pasó alrededor de un mes [ほど indica aproximación]

いっこうに ikkou ni— completamente; absolutamente; totalmente

いくらでも ikura demo— no importa cuánto

今 ima—recién; justo ahora

いました imashita—vivía; era [use いました con seres vivos y ありました con objetos inanimados]

一本の竹筒 ippon no takezutsu— un tubo de bambú

いろいろあります iroiro arimasu—hay varios...

いるぞ iru zo—hay [いる con seres vivos; ぞ finalizador enfático]

一緒に issho ni—juntos

一生懸命 isshoukenmei— con todo el esfuerzo de uno

いたずら itazara— broma; travesura

いたずらに成功した彦一さん itazura ni seikou shita hikoichi san—Hikoichi, quien tuvo éxito con su broma

いつですか itsu desu ka— ¿cuándo fue?

いつ降るかと itsu furu ka to— cuando caía (lluvia) [el と indica una pregunta y conecta el pensamiento al señor que ansía la lluvia]

いつのまにか itsunomanika— antes que alguien sepa; mientras no saben

いったい ittai—¿qué...?; qué cosa... [es una expresión usada para mostrar sorpresa]

言って itte—decir, diciendo

行って itte—fue (al castillo)

いうとおりじゃ iu toori ja— exactamente como él dice

いやだわ iyada wa—¡puaj! [el わ es una terminación femenina para añadir énfasis]

いや iya—desagrado

J

じゃ ja—variación de la cópula だ de terminación de oración

自分で jibun de—por sí mismo

自分の jibun no—su propio...

自分の手のひらを見た子 jibun no te no hira o mita ko— el niño que miró la palma de su mano

地面に jimen ni—al piso

実は jitsu wa— en verdad; en realidad...

K

かわかるか？ ka wakaru ka?— ¿Puedes resolverlo o no?

帰ろう kaerou— regresemos

帰ることができます kaeru koto ga dekimasu— pueden (disfrutar de las flores mientras) regresan

帰ることにしました kaeru koto ni shimashita— decidieron regresar

帰る用意 kaeru youi— preparaciones para regresar

変えて kaete— cambió

帰っていった kaette itta— regresó

帰って kaette— regresó

家宝 kahou— reliquia de familia

かけました kakemashita—(voz) llamó

隠れ蓑 kakure mino—impermeable de paja para ocultar

隠れ蓑とは kakure mino towa—en cuanto al impermeable de paja para ocultar

かまどで kamado de— con el horno

かまどに kamado ni— en el horno

かもしれない kamoshirenai— podría; posiblemente

看板にしました kanban ni shimashita—hizo el cartel (del paraguas)

看板 kanban—un cartel (en una tabla)

考えていました kangaete imashita— pensamiento

考えてもいい kangaete mo ii— pensaré en ello

簡単に kantan ni— fácilmente

顔つき kao tsuki— apariencias; expresiones faciales

顔色 kao iro— color de la cara

顔 kao—cara; rostro

か ka— signo o indicador de pregunta

から kara— por lo que (lo que se dijo)

から kara— de

軽いもの karui mono— algo liviano

傘が売れて kasa ga urete— los paraguas se vendían

傘が開く様子 kasa ga hiraku yousu— la apariencia de los paraguas abriéndose

傘や kasa ya— hacedor de paraguas [el や convierte a muchos productos en profesión: 本屋 honya— librería; パンや panya— panadería]

傘を売ること kasa wo uru koto— la venta del paraguas [el こと hace que el verbo se pueda usar como si fuese un sustantivo]

傘を見ました kasa wo mimashita— miró al paraguas

傘 kasa— paraguas

賢いのなら kashikoi no nara— si eres inteligente

賢い kashikoi— sabio; inteligente

かしこまって kashikomatte— parar respetuosamente

かしこそうなつら kashikosou na tsura— una cara de apariencia sabia

かしこそう kashikosou— de apariencia sabia

貸してくれませんか kashite kuremasen ka— ¿no me lo prestarías? [くれませんか es una manera educada de pedir algo]

か ka— así que eres... [usado para mostrar una ligera sorpresa]

買うお金 kau okane— dinero para comprar

川に kawa ni— en un río

川の中に kawa no naka ni— en el medio del río

飾りました kazarimashita— adornado; decorado; colocado

家来たち kerai tachi— vasallos; sirvientes

家来 kerai— sirviente; criado

消した keshita— borrado; desaparecido

貴重なもの kichou na mono— una cosa preciosa [use な al conectar 貴重 (precioso) con もの (cosa)]

着物 kimono— kimono; vestimenta

着ると kiruto— al vestir

汚い蓑 kitanai mino—un impermeable de paja sucio

着ています kiteimasu— vistiendo

子供 kodomo—niños

声をかけました koe wo kakemashita— saludar; llamar a alguien

声 koe—voz

心の中で kokoro no naka de—en (sus) corazones

困ったのは komatta no wa— quien estaba en problemas era (Hikoichi)

今回ばかり konkai bakari— pero, esta vez

こんなこと konna koto—tales cosas

こんな汚い蓑 konna kitanai mino—este impermeable de paja sucio

この傘 kono kasa— este paraguas

この傘に kono kasa ni—a este paraguas

この傘は kono kasa wa— en cuanto a este paraguas

この言葉 kono kotoba— esta palabra (lo que dijo Hikoichi)

この kono—esto

これは kore wa— en cuanto a esto

腰を抜かして koshi wo nukashite— incapaz de estar parado por miedo o sorpresa

こっそりと kossori to— en secreto; sigilosamente

ことになりました koto ni narimashita— sucedió; se decidió

断りました kotowarimashita— rechazó; declinó

こういいました kou iimashita— dijo esto

こう答えました kou kotaemashita— respondió de este modo

こう言いました kou iimashita— dijo de este modo

こう kou— de este modo; así como esto

口だけ kuchi dake— solo la boca

口元 kuchi moto— alrededor de la boca

口元の灰 kuchi moto no hai— las cenizas alrededor de la boca

空中に kuuchuu ni— en el aire

M

待ちに待った machi ni matta— esperó un largo tiempo

待ちに待った殿様 machi ni matta tonosama— el señor que esperó

町の人たち machi no hitotachi— los habitantes del pueblo [たち es plural]

まだまだ mada mada— aún no

まだ効き目 mada kikime— aún podría tener efecto; aún podría funcionar

まで made— hasta; hacia (las montañas de allí)

毎日 mainichi— todos los días

また酒屋さんに出かけて mata sakaya san ni dekakete— se fue nuevamente al bar

待っている matte iru— esperando

見当たりません mi atarimasen— no podía ser encontrado

見えません miemasen— incapaz de ver

見えなかった mienakatta— ya no podía ver

見えなくなりました mienaku narimashita— desapareció

見えなくなる mienaku naru— se volvió invisible

見える mieru— ser capaz de ver

見ました mimashita— miró

耳に mimi ni— al oído (del señor)

皆の mina no— de todos

皆のもの mina no mono— las cosas de todos

皆 mina— todos

皆様 minasama— todos (plural)

みんなに minna ni— de todos (Hikoichi recibió risas)

みんなの前に minna no mae ni— en frente de todos

見られない mirarenai— incapaz de ver

みるみる miru miru— muy rápido; en un abrir y cerrar de ojos

店の主人 mise no shujin— el dueño de una tienda

店中 mise juu— a lo largo de la tienda; por toda la tienda

見たとき mita toki— cuando (él) vio

みて mite— viendo

見分けがつきません miwake ga tsukimasen— no podía distinguirlos

水で mizu de— con agua

もない mo nai— tampoco existe; incluso eso no está ahí

も mo— también

持ち上げて mochi agete— alzó y cargó

問題の傘 mondai no kasa— paraguas problemático

ものですから mono desu kara— por eso

もしもし moshi moshi—hola

持っていきました motte ikimashita—cargó; llevó; trajo consigo

持っていく motte iku— llevar

持っていくなら motte iku nara—si (debemos) llevar...

持っていけばよい motte ikeba yoi— llevar (lo que quieras) está bien

持っていました motte imashita— tuvo; sostuvo (un impermeable)

持ってきて motte kite— trajo

持って motte— llevó

もう mou— ya; no más (con el negativo ない)

儲からない moukaranai— no rentable

毛せん mousen— una alfombra; un tapete; una manta

燃やしてしまいました moyashite shimaimashita— quemó todo

燃やして moyashite— quemar

むかし、むかし mukashi, mukashi—hace mucho tiempo atrás [la forma más común de empezar un cuento de hadas japonés. El kanji es 昔]

N

なので na node— por lo tanto; por eso

など nado— etc; y demás

長い間 nagai aida— durante mucho tiempo

流されてしまって nagasarete shimatte—se lavó; se limpió, se salió

なかなか nakanaka— de ninguna manera (con el negativo)

なくなってしまいました nakunatte shimaimashita— perdió todo

なんですか nan desu ka—¿qué?; ¿qué sucede?

なにも nani mo— nada (usado con un verbo negativo)

なにも見えるはずがありません nani mo mieru hazu ga arimasen— no debería ser capaz de ver nada (porque solo era un tubo de bambú) [なにも見える ver nada (con un verbo negativo); はず debería ser capaz]

なにか nanika— algo

何時間待っても nanjikan mattemo—sin importar cuánto (él) esperase

なんと nanto—¡¿Cómo?! [muestra emoción]

なら nara—si (tú intercambias)

な na— finalizador de oración indicando emoción o énfasis

なぜ naze— ¿Por qué?

ね ne— finalizador de oración indicando énfasis y concordancia (sabes que es una "cosa" preciosa, "por lo tanto", no te lo puedo prestar)

寝てしまいました nete shimaimashita— se quedó dormido [el しまいました muestra lamento]

にしました ni shimashita— decidido por

につられて ni tsurarete— ser persuadido (por sus palabras)

になってしまった ni natte shimatta— se volvió

になっても ni natte mo— incluso convertirse

になりました ni narimashita— sucedió; se volvió

に出かける ni dekakeru— salió para (hanami)

に成功 ni seikou— éxito con (la broma)

に行って ni itte— fue a (un bar)

に感心して ni kanshin shite— interesarse en; capturar la atención de uno

逃げ出しました nige dashimashita— escapó

逃げているうちに nigeteiru uchi ni— mientras escapaba

握り飯 nigiri meshi— bola de arroz; onigiri

二階の軒先に nikai no nokisaki ni— en el borde del alero del segundo piso

二階 nikai— segundo piso de un edificio

にっこりと nikkori to— sonriendo

にっこり nikkori— sonriendo; sonrisa

荷物 nimotsu— equipaje; maleta

にやりと笑って niyarito waratte— sonreír; una gran/amplia sonrisa

のかどうか no ka dou ka— ya sea así o no

のくせに no kuse ni— aunque; a pesar de...

のでした no deshita—fue [el の indica que lo que lo precede es una explicación]

のです no desu—[finalizador de explicación más cópula]

のところにも no tokoro ni mo— incluso en el lugar (del señor)

のは no wa— en cuanto a (la última vez en que fue alimentado)

のほう no hou— esa dirección

の中に no naka ni— dentro (de la cómoda)

の間で no aida de— entre (la gente del pueblo)

城の中 shiro no naka— dentro del castillo

ので node— por lo tanto

の no— indica la conclusión de ideas o una pregunta

軒先 noki saki— borde de los aleros

残った灰 nokkota hai— las cenizas restantes

残ったぞ nokotta zo— lo que queda

残った nokotta— lo que quedaba; restante

残っていませんでした nokotte imasen deshita— no quedaba nada

残っている nokotteiru— todavía existe

飲み始めました nomi hajimemashita— comenzó a beber

飲むときに nomu toki ni— mientras bebía

のに noni— aunque; a pesar de que...

の no— indicador posesivo

のぞいてみたくなった nozoite mitaku natta— comenzó a querer echar un vistazo

のぞいてみました nozoite mimashita— echar un vistazo

のぞいて nozoite— miró (a través del tubo)

覗き込みました nozoki komimashita— espió; miró a... [para ver si era así]

塗ってみました nutte mimashita— esparció; untó

O

お荷物 o nimotsu— maleta; equipaje (forma educada, cortés)

をしておるの o shite oru no—(él) tiene (un rostro inteligente) [oru es más formal (forma simple) que iru; no es un finalizador de oración usado con una explicación o para dar énfasis emocional]

お化け obake— fantasma

お弁当 obentou— caja de comida; bento

お茶 ocha— té (verde)

落ちてしまった彦一さん ochite shimatta hikoichi san— Hikoichi quien había caído

落ちて ochite— cayendo

大声で ogoe de— con una gran voz

お花見 ohanami—hanami; ver flores

追い回され oi mawasare— fue perseguido (por el dueño)

おいしい oishii— delicioso

お帰りにならば okaeri ni naraba— si regresamos (por este lado)

おかげで okage de— por eso; debido a eso

お金を払え okane wo harae— ¡paga la cuenta!; pagar con dinero

お金 okane— dinero

起きてきた okitekita— despertar; despertó

怒ってしまい okotte shimai— enojarse

奥さんに okusan ni— a su esposa

奥さん okusan— esposa

お前 omae— tú

お見せください omise kudasai— por favor déjame verlo [お〜ください es una construcción educada para pedir a alguien que haga algo]

思いつきました omoi tsukimashita— pensar en; venir a la mente

重い omoi— pesado

重そうなもの omosou na mono— cosas que parecen pesadas

面 omote— rostro; cara

同じような onaji you na— similar; parece ser el mismo

同じ onaji— el mismo; igual

おなかの中に onaka no naka ni— dentro del estómago

おお oo—ah

大慌てで ooawate de— con gran apuro

大騒ぎをしている oosawagi wo shiteiru— hacer un gran escándalo [nota que 大 es oo y no ou]

大騒ぎ oosawagi— un gran alboroto

大笑いされた oowarai sareta— se rio de

大喜びで ooyorokobi de— con gran alegría

下りると oriru to— al bajar (la montaña)

お酒 osake—sake [al igual que お茶 "ocha," sake a menudo es precedido por una お para indicar educación]

おしまい oshimai— el final; fin

お城で oshiro de— en el castillo

お城に oshiro ni— al castillo

お殿様 otono sama— el señor [la o es un honorífico]

及び oyobi— y; también

R

らくらくと rakuraku to— confortable; cómodamente

S

さあ saa— bueno

最後に saigo ni— la última vez

咲いております saite orimasu— está floreciendo

逆らえません sakaraemasen— no poder ir en contra

184

酒屋さん sakaya san— un bar [nota que la pronunciación no es sakeya]

酒 sake—sake; alcohol

桜 sakura— flor de cerezo

三人 san nin—tres personas

さっそく sassoku— inmediatamente, enseguida

さて sate— bueno, entonces

騒ぎ始めました sawagi hajimemashita— comenzar el alboroto; comenzar el griterío

騒ぎ sawagi— griterío

譲る yuzuru— vender; entregar

しばらく shibaraku— por un tiempo

しかない shika nai— solo "esto", ningún otro

しかも shikamo— además...

しか shika— solo; excepto por (termina con una oración negativa)

しかし shikashi—pero; sin embargo

敷く shiku—esparció

しまってありました shimatte arimashita— estaba dentro; estaba encerrado (en la cómoda)

しめた shimeta— lo hice; lo conseguí

しながら shinagara— mientras

死んでしまった shinde shimatta— murió

知らない奥さん shiranai okusan— la esposa que no sabía

城の軒先に shiro no nokisaki ni— en el borde de los aleros del castillo

してほしいものじゃ shite hoshii mono ja—(yo) quiero que (ustedes) sean (compañeros de juego) [el mono es usado cuando se explica cómo debería ser algo]

していると shiteiru to— mientras (preparaban)

しているというのに shiteiru to iu noni— aunque (ellos) estaban haciendo (los preparativos)

食事 shokuji— comida; alimento

そばの山に soba no yama ni— en una montaña cercana

そこで sokode— y entonces; por lo tanto; así...

そんなに sonna ni— tal; tan... (inteligente) como...

そのうち sono uchi— durante ese tiempo

そのうわさ sono uwasa— ese rumor

その傘 sono kasa— ese paraguas

その生きている傘 sono ikiteiru kasa— ese paraguas viviente

その竹筒 sono take zutsu— ese tubo de bambú

それぞれ sore zore— cada; respectivamente

それでは sore dewa— bueno, entonces...

それは sore wa— en cuanto a eso

それを見つけて sore wo mitsukete— encontrándose con (los labios flotantes)

それ sore— eso (refiriéndose a la mano del señor)

外に soto ni— al exterior; afuera

そうじゃの sou ja no—"sou da"; así es

そうだ sou da—¡lo tengo!

そうです sou desu— así parece

そう sou— como eso; así (fácilmente)

姿を消して sugata wo keshite— desaparecer

姿 sugata— apariencia; figura

すごい sugoi—wow; sorprendente; increíble

すぐ近くに sugu chikaku ni— justo ahí; bien cerca; al alcance de la mano

すかさず sukasazu— sin retraso

好きなもの sukina mono— cosas que le gustan

すっかり sukkari— completamente

済ませ sumase— terminó

墨など sumi nado— tinta u otra cosa [nado—etc.]

墨 sumi— tinta

住んでいて sunde ite— estaba viviendo (en la montaña)

住んでいました sunde imashita— vivió

すると suruto— y entonces...

座るいす suwaru isu— el asiento para sentarse

T

食べ物 tabemono— comida

食べるもの taberu mono— comida

食べていなかった tabete inakatta— no comió

ただの tada no— solo un simple u ordinario (tubo de bambú)

たいへん賢い taihen kashikoi— muy sabio

たいへん賢くて taihen kashikokute— ser muy sabio... [taihen como totemo aquí significa "muy"; el ~te conecta esto con lo que sigue "ser..."]

大変 taihen— grave; terrible

たいへん taihen— muy

大変 taihen— muy

大金 taikin— mucho dinero

大切な taisetsu na— un importante (impermeable)

たくさん takusan— mucho

試してみよう tameshite miyou— vamos a probar

楽しみにしていました tanoshimi ni shiteimashita— esperando

楽しみ tanoshimi— placer; disfrute

タンス tansu— cómoda

確かに tashika ni— ciertamente

たたんで tatande— doblado

たった tatta— solo

尋ねました tazunemashita— preguntó

手に te ni— en/sobre la mano

手にした te ni shita— recibió; vino a las manos (del señor)

手のひら te no hira— palma de la mano

手ぶら tebura— con las manos vacías

手習い tenarai— shuji; caligrafía; práctica de escritura

天狗さんの持っている tengu san no motteiru— el (impermeable) que pertenecía al Tengu [literalmente, lo que sostiene el Tengu. 持つ significa "sostener" pero, como aquí, puede significar poseer o tener algo propio]

天狗には tengu ni wa— en cuanto al Tengu

天狗の tengu no—del Tengu

天狗の tengu no—(el impermeable de paja) del Tengu

天狗 tengu—Tengu; una criatura encontrada en las fábulas japonesas con una nariz larga y poderes mágicos

といいました to iimashita—(él) dijo [el と es un indicador de comillas]

という to iu— quien era un [lo siguiente describe a Hikoichi]

ということです to iu koto desu— y así es eso [es una forma común de resumir cosas]

という人 to iu hito— tal persona [という significa "llamado de esa forma"]

といえばよいのだ to ieba yoi no da— está bien decir/admitir (que no sé)

といってものです to itte mono desu— lo que fue dicho

と交換する to koukan suru— de intercambiar por (el impermeable)

と伝えました to tsutaemashita— fue comunicado [と es el indicador de comillas]

と思いつき to omoitsuki— planeó; pensó sobre [el と es una partícula usada al citar: tener la idea de vender paraguas]

と知った to shitta— comprendió

と聞いて to kiite— al escuchar (del fuego)

と見えて to miete— parece que; pareciera...

と言って to itte— fue llamado [el と es un indicador de comillas]

と言われること to iwareru koto— lo que está diciendo (el barman para pagar la cuenta)

と to—y...

といえど toiedo— sea como fuere

解いてしまう toite shimau— resolvió completamente

閉じて tojite— cerrado

閉じている tojiteiru— cerrando

ときに toki ni— para ese entonces

ところが tokoro ga— aun así; sin embargo

殿様 tono sama— el señor (de la región)

殿様のごちそう tonosama no gochisou— el banquete del señor

殿様の家来 tonosama no kerai— los sirvientes del señor (de la región)

遠くのもの tooku no mono— algo lejano

遠眼鏡 toomegane— telescopio

と to— indicador de comillas

取れてしまいました torete shimaimashita— fue llevado lejos

年頃 toshi goro— edad

とても賢い totemo kashikoi— muy sabio

とても totemo— muy

とうとう tou tou— por fin; al final

と to— con (mucho dinero)

注いでいた女中さん tsuide ita jochuu san— la doncella que estaba sirviendo

ついていく tsuite iku— salieron (juntos)

ついていません tsuite imasen— no estaba manchado

ついております tsuite orimasu— está manchado

仕えている家来 tsukaeteiru kerai— criados sirviendo (al señor)

つかう tsukau— para usar con

作ろう tsukurou— hacer

作ること tsukuru koto— haciendo; el acto de hacer

作って tsukutte— hacer (y)

つら tsura— cara; rostro

つるして tsurushite— colgar

U

浮き出して uki dashite— sobresalir; aflorar

うーむ u-mu—hmm...

売れる ureru— ser capaz de vender

うれしそうに言いました ureshisou ni iimashita— él dijo con regocijo [ureshisou significa "felicidad aparente"]

売ろう urou—vender

歌 uta— canción

美しい utsukushii— hermoso

W

若様 waka sama— el señor joven

若殿 waka tono— señor joven

若者 wakamono— persona joven

わからない wakaranai— no lo sé

わからなければ wakaranakereba— si no lo sabes

わかります wakarimasu—lo sé

若 waka— joven señor [abreviación de wakadono]

わけには参りません wake ni wa mairimasen— no es posible

わけ wake— conclusión de un razonamiento

わくわく waku waku— nervioso con entusiasmo

笑っておりました waratte orimashita—rio

笑って waratte— riéndose

我先に waresaki ni— esforzarse por ser primero; egoísta

私には watashi ni wa— en cuanto a mí...

を使って wo tsukatte— usó (el impermeable)

を wo— indicador de objeto directo

Y

山に yama ni— a la montaña

山のあちら yama no achira— la montaña de allá

山の向こう yama no mukou— la montaña lejana

山 yama— montaña

やつ yatsu— alguien

やった yatta— dio (verbo usado al alimentar animales)

やってきました yatte kimashita— vino

やってきて yattekite— venir; aparecer

呼び出しました yobi dashimashita— llamó (Hikoichi)

呼ぶことにしました yobu koto ni shimashita— decidió llamar [〜にする decidió...]

呼ぶと yobu to— al llamar [el to indica que algo sucede como resultado del llamado]

呼ぶやつがいる yobu yatsu ga iru—hay alguien llamando

呼ぶ yobu— llamar

詠む yomu— recitar (poesía; canciones)

四人 yonin— cuatro personas [en general, es "yonin" pero algunas personas usan "yonnin"]

喜んで yorokonde— con alegría

ようで you de— parece; así parece ser

ように youni— para que (nadie vea)

ようやく youyaku— finalmente; por fin

有名になり yuumei ni nari— volverse famoso...

譲っていただきたい yuzutte itadakitai—(me) gustaría que (tú) vendieras

Z

残念 zannen— lamentable; decepcionado

全身に zenshin ni— a todo (su) cuerpo

全然働きません zenzen hatarakimasen— no trabajaba en lo absoluto

ぞ zo— firme, finalizador de oración masculino

¡Continúa leyendo y aprendiendo!

Esperamos que hayas disfrutado de Hikoichi y que te haya ayudado con tu japonés. Si es así, asegúrate de conseguir el **Volumen dos de la Colección de libros japoneses: Momotaro.**

(O simplemente busca "Colección de libros japoneses Momotaro")

ENLACE DE DESCARGA

Por favor dirígete al sitio web para descargar los MP3s para estas historias:

http://japanesereaders.com/10222

(¡También puedes registrarte para recibir nuestro boletín y obtener más cosas gratis!)

¡Gracias por comprar y leer este libro! Para contactar a los autores, por favor escríbeles a help@thejapanshop.com. Mira también la amplia selección de materiales para aprender japonés en www.TheJapanShop.com y el sitio web gratuito para aprender japonés www.thejapanesepage.com.

Made in the USA
Monee, IL
12 January 2021

57283105R00108